Inserción laboral, sensibilización medioambiental y en la igualdad de género. FCOO03

Almudena Carmona Ruiz

Natalia López Ligero

ic editorial

Inserción laboral, sensibilización medioambiental y en la igualdad de género. FCOO03
© Almudena Carmona Ruiz
© Natalia López Ligero

1ª Edición

© IC Editorial, 2026

Editado por: IC Editorial
c/ Cueva de Viera, 2, Local 3
Centro Negocios CADI
29200 Antequera (Málaga)
Teléfono: 952 70 60 04
Fax: 952 84 55 03
Correo electrónico: iceditorial@iceditorial.com
Internet: www.iceditorial.com

ISBN: 979-13-7027-118-3
Depósito Legal: MA 67-2026

Impresión: PODiPrint
Impreso en Andalucía – España

Nota de la editorial: IC Editorial pertenece a Innovación y Cualificación S. L.

Especialidad formativa

Se entiende por especialidad formativa la agrupación de contenidos, competencias profesionales y especificaciones técnicas que responde a un conjunto de actividades de trabajo enmarcadas en una fase del proceso de producción y con funciones afines.

Las especialidades formativas de Uso General, Formación Complementaria, Formación Modular y las especialidades formativas dirigidas a la obtención de certificados de profesionalidad se incluyen en el Fichero de Especialidades del Servicio Público de Empleo Estatal para su gestión en todo el territorio nacional por cualquier Administración competente.

Las especialidades complementarias, pertenecen todas a la Familia profesional de Formación Complementaria (FCO) y tienen la consideración de formación transversal en áreas que se consideran prioritarias tanto en el marco de la Estrategia Europea para el Empleo y del Sistema Nacional de Empleo como en las directrices establecidas por la Unión Europea. Se consideran áreas prioritarias las relativas a tecnologías de la información y la comunicación, la prevención de riesgos laborales, la sensibilización en medio ambiente, la promoción de la igualdad, la orientación profesional y aquellas otras que se establezcan por la Administración competente.

Las especialidades de Certificado de profesionalidad tienen una duración especificada en su normativa reguladora.

En el resultado de la búsqueda, se muestran las unidades de competencia, todos los módulos formativos con su duración y las unidades formativas del certificado correspondiente, con su duración. Las horas del certificado, exclusivo de las especialidades de certificado de profesionalidad, con alta igual o superior a 2008, son las horas totales más las horas del módulo de Prácticas Profesionales no Laborales.

⮕ **Si la especialidad tiene unidades formativas,** las horas totales, presencial, distancia, teleformación serán igual a la suma de esas horas de las unidades formativas de los distintos módulos, sin que se repita ninguna Unidad formativa.

➲ **Si la especialidad no tiene unidades formativas,** las horas totales, presencial, distancia, teleformación serán igual a las sumas de esas horas de los módulos formativos, eliminando las horas de los módulos repetidos.

https://sede.sepe.gob.es/especialidadesformativas/RXBuscadorEFRED/BusquedaEspecialidades.do

(Fuente: Servicio Público de Empleo Estatal)

Índice

OBJETIVOS GENERALES

El objetivo general asociado al Programa Formativo **FCOO03: Inserción laboral sensibilización medioambiental y en la igualdad de género** es:

➲ Conocer técnicas y recursos facilitadores de la inserción laboral, así como la situación del mercado de trabajo en la familia profesional en la que se integra la acción formativa principal, incidiendo en la sensibilización medioambiental y en la igualdad de género.

Inserción laboral

Contenido

Objetivos

El objetivo específico de este unidad de aprendizaje es:

→ Conocer técnicas y recursos facilitadores de la inserción laboral.

1. Introducción

La inserción laboral es el proceso mediante el cual las personas se incorporan al mercado laboral. Para ello, será necesario analizar diferentes factores como son las características que tiene cada persona y las oportunidades que ofrece el mercado laboral.

La empleabilidad se entiende como el conjunto de competencias, conocimientos y actitudes que permiten a una persona diseñar su trayectoria profesional, incorporarse al mercado laboral y mantener su ocupación a lo largo del tiempo. Una persona con una formación adecuada, experiencia profesional y capacidad para comunicar su valor en el mercado de trabajo se considera empleable, ya que dispone de los recursos necesarios para buscar empleo, acceder a un puesto y progresar profesionalmente.

La búsqueda de un trabajo no es un proceso sencillo, ya que son muchos los factores que intervienen en la selección de una persona para ocupar un puesto de trabajo y, por lo tanto, es necesario conocer las técnicas y herramientas que ayuden a este proceso de inserción laboral aumentando las posibilidades de encontrar una ocupación laboral adecuada.

Entre las herramientas más utilizadas en la actualidad se encuentran la agenda de búsqueda, el currículum vítae adaptado a cada oferta, la carta de presentación personalizada y la preparación de entrevistas (presenciales o en línea). Estas herramientas, junto con la creación de un perfil profesional digital (por ejemplo, en plataformas como *LinkedIn* o los portales de empleo), aumentan las posibilidades de acceder a un empleo acorde con las competencias y objetivos de cada persona.

2. Situación y tendencias del sector productivo objeto de formación

El mercado de trabajo no es algo estático, está en continua **evolución** adaptándose a los cambios sociales, a los ciclos económicos y a la incorporación de las tecnologías en el trabajo.

En este sentido, es importante destacar que hay multitud de factores que afectan a que el mercado de trabajo esté cambiando y existan **nuevas tendencias** en las relaciones laborales:

- **Globalización:** la globalización económica y tecnológica ha impulsado la movilidad internacional de las empresas y del talento. Además, ha favorecido la interconexión de los mercados laborales y la armonización parcial de normativas laborales a través de organismos internacionales, aunque persisten diferencias significativas entre países.
- **Mayor cualificación profesional:** los empleos actuales requieren niveles más altos de formación y competencias técnicas y digitales. Esto genera una mayor competencia laboral, ya que las empresas valoran perfiles con capacidades transversales (comunicación, trabajo en equipo, aprendizaje continuo) además de la formación técnica.
- **Flexibilidad laboral:** las personas trabajarán a lo largo de su vida en diferentes empresas, sectores y funciones, por lo que el aprendizaje permanente será una necesidad constante. La movilidad laboral y el trabajo en entornos híbridos o en remoto son cada vez más comunes, impulsados por la digitalización. También se promueve una mayor conciliación entre la vida laboral y personal, mediante horarios flexibles y modelos de trabajo adaptados.
- **Avances tecnológicos:** los cambios en las tecnologías afectan a las empresas, las cuales deben adaptar la forma de trabajar a los avances tecnológicos, por lo que necesitarán contar con personal altamente cualificado para así aumentar la productividad.
  Aparecen y aparecerán nuevas profesiones debido a la evolución de la tecnología y a los nuevos avances científicos.
- **Cambios sociales y demográficos:** la población está envejeciendo, por lo que habrá menos gente para trabajar. Además, influirán en el mercado de trabajo aspectos como el crecimiento de las ciudades, los cambios en la educación, la evolución de la economía y la escasez de recursos naturales.

NOTA

Actualmente, el mercado de trabajo se caracteriza por una situación de desequilibrio, ya que hay más demanda de empleo que oferta y se concibe como algo dinámico y cambiante (nuevas profesiones, nuevos valores y nuevas relaciones laborales).

En definitiva, la sociedad está cambiando y como tal las tendencias del mercado laboral en los próximos años estarán caracterizadas por los siguientes aspectos:

- **Auge de profesiones tecnológicas y digitales:** crece la demanda de perfiles relacionados con las tecnologías de la información y la comunicación (TIC), la inteligencia artificial, la ciberseguridad, el análisis de datos y la transformación digital de las empresas.
- **Oficina virtual y trabajo remoto:** el desarrollo de la conectividad y las herramientas colaborativas ha consolidado el teletrabajo y los modelos híbridos, que permiten desempeñar tareas desde cualquier lugar. Este fenómeno ha dado lugar al perfil del empleado digital o 3.0, más autónomo, flexible y conectado.
- **Identidad digital:** utilizar las redes sociales para buscar trabajo y obtener un empleo.
- **Motivación y gestión del talento:** será necesario transmitir confianza a los trabajadores y preocuparse por ellos, así se conseguirá una mayor productividad. Además, se deben ofrecer mejoras a los trabajadores, para así retener a los mejores profesionales, evitando así que se vayan a la competencia y propiciando que desarrollen su máximo potencial.
- El trabajo pasará de tener una tendencia individualista al **trabajo en grupo.**
- **Liderazgo femenino e igualdad de género:** aumenta la presencia de mujeres en puestos de dirección y toma de decisiones, impulsada por políticas de igualdad y conciliación. Estos avances contribuyen a reducir la brecha salarial y de oportunidades, fomentando entornos laborales más equitativos y diversos.
- El salario tendrá un **carácter más emocional,** ya que no solo estará vinculado a cuestiones económicas, sino a factores relacionados con el bienestar profesional, la conciliación familiar o el desarrollo profesional.

 SABÍAS QUE...

Los nuevos sectores hacia donde tiende el mercado laboral son:

- El sector tecnológico (I+D+i), donde se desarrollan nuevas oportunidades de negocio como la biotecnología o el *e-commerce*.
- El sector turismo y el ocio.
- El sector vinculado a la salud y el bienestar.
- El sector energético, surgiendo energías alternativas, como las renovables.

El mercado no es un ente estático, sino que se encuentra en constante cambio, por lo que se hace indispensable prever cuáles son sus movimientos. El **análisis de las tendencias** permitirá adaptarse prontamente a los cambios en la demanda y aprovechar las nuevas oportunidades que se presenten.

Son muchos los factores que influyen en las tendencias de los consumidores; a continuación se exponen los más relevantes:

- ⮞ **Socioculturales:** elementos relacionados con la cultura del individuo o su grupo social, como modas, educación, estilo de vida, etc.
- ⮞ **Económicos:** abarcan factores como la renta disponible, los ciclos económicos o las tasas de desempleo, que inciden directamente en el consumo.
- ⮞ **Tecnológicos:** elementos relacionados con las nuevas tecnologías, quizás este sea el factor que actualmente marca más tendencias en el mercado, ya que se encuentra en constante evolución.
- ⮞ **Demográficos:** las tendencias del mercado se encuentran estrechamente relacionadas con las características del segmento de la población a la que se dirija la oferta empresarial: edad, sexo...
- ⮞ *Marketing:* a veces las campañas de *marketing* de determinadas empresas pueden marcar tendencias en el consumidor.
- ⮞ **Grupos de influencia:** personas del entorno del consumidor que pueden influir en sus decisiones de compra.

Los **sectores emergentes** son esferas de actividad en las que se espera un crecimiento futuro, es decir, son actividades que van a experimentar un importante crecimiento, por lo que son fuentes potenciales de donde puede surgir una idea de negocio exitosa.

 IMPORTANTE

Cuando se busca un trabajo es necesario conocer las características del mercado de laboral. Por ello, es fundamental tener información sobre las ocupaciones en auge o de nueva aparición en la zona de búsqueda de empleo y los perfiles profesionales más demandados por las empresas.

Cuando surgen nuevos puestos de trabajo en determinados sectores de actividad debido a que surgen nuevas necesidades que deben ser cubiertas aparecen los denominados **nuevos yacimientos de empleo.**

Gracias a los nuevos yacimientos de empleo surgen nuevas profesiones y se generan nuevos puestos de trabajo que deben ser cubiertos.

Los nuevos yacimientos de empleo pueden clasificarse en los siguientes **sectores:**

⮑ **Vida diaria:** existen determinados servicios relacionados con la vida co-tidiana de cada persona, que son cada vez más demandados y generan nuevos sectores de ocupación como son:

- ◑ Servicio a domicilio o atención a personas dependientes.
- ◑ Atención a la infancia.
- ◑ Servicio de limpieza y cuidado del hogar.
- ◑ Avances tecnológicos y en las comunicaciones.
- ◑ Orientación laboral dirigida a las personas con dificultades en la bús-queda de empleo o riesgo de exclusión social.

⮑ **Mejora de la calidad de vida:** existen determinados servicios que están enfocados a mejorar la calidad de vida y generan nuevos sectores de ocupación como son:

- ◑ Mejora y reformas de la vivienda.
- ◑ Transportes colectivos locales.
- ◑ Seguridad de los lugares públicos y viviendas.
- ◑ Revalorización de los espacios públicos urbanos.
- ◑ Comercios de proximidad.
- ◑ Gestión de la energía.

⮑ **Cultura y ocio:** existen determinados servicios relacionados con la cul-tura y el ocio que generan nuevos sectores de ocupación como son:

- ◑ Turismo.
- ◑ Sector audiovisual.
- ◑ Desarrollo cultural local.
- ◑ Valoración del patrimonio cultural.

⮑ **Protección del medioambiente:** engloba actividades orientadas al de-sarrollo sostenible y la transición ecológica:

⮑ Gestión y reciclaje de residuos.
⮑ Economía circular y reutilización de materiales.
⮑ Gestión y depuración del agua.
⮑ Conservación de espacios naturales y biodiversidad.
⮑ Evaluación ambiental y control de emisiones en empresas e industrias.

La cualidad para adaptarse a los cambios definirá a las personas que tienen más oportunidades en el mercado laboral. En este sentido, se debe destacar que la herramienta fundamental para adaptarse a los cambios del mercado laboral es la **formación.**

IMPORTANTE

Para adaptarse a los cambios del mercado de trabajo las personas deben mantener una actitud de aprendizaje continuo, por lo que la formación será el elemento fundamental para que los trabajadores se incorporen al terreno laboral.

3. Desarrollo de estrategias personales propias para la búsqueda de trabajo

Cuando se busca un trabajo es necesario que cada persona se conozca y sea capaz de determinar qué actitudes y aptitudes tiene, así como cuáles son sus puntos fuertes o débiles. Por ello, se hace necesario que cada persona determine su **perfil profesional.**

 **DEFINICIÓN**

Perfil profesional

Hace referencia al conjunto de competencias y capacidades que tiene una persona para poder desempeñar las funciones y tareas de un puesto de trabajo.

Cuando se habla de perfil profesional se hace referencia al conjunto de competencias que aporta una persona a un puesto de trabajo, es decir, aquellos conocimientos que tiene una persona para poder desempeñar su puesto de trabajo.

 **DEFINICIÓN**

Competencias profesionales

Conjunto integrado de conocimientos, habilidades, actitudes, valores y motivaciones que permiten desempeñar de forma efectiva una actividad profesional y adaptarse a diferentes contextos laborales.

Cada vez es más frecuente que en la búsqueda de profesionales los departamentos de recursos humanos utilicen el **modelo de gestión por competencias.** Esto significa que la selección del personal se basará en buscar profesionales que se adapten a las competencias que quiere la empresa.

En definitiva una competencia profesional engloba los siguientes **aspectos:**

Conocimientos
- Formación (nivel de estudios alcanzados, cursos, seminarios, formación complementaria, conocimientos adquiridos mediante actividades prácticas, idiomas, etc.) e información adquirida a través de la experiencia.

Continúa en página siguiente >>

<< *Viene de página anterior*

Habilidades o destrezas

- Relación de cosas que la persona sabe hacer (habilidades artísticas, sociales, de liderazgo, manuales, matemáticas, mecánicas, musicales, didácticas o físicas) y pueden ser necesarias para el desarrollo de una profesión.

Actitudes

- Valores, normas o sentimientos que posee una persona.

Cuando se busca un trabajo es importante que cada persona analice su perfil personal y profesional para ver hacia dónde debe dirigirse y además debe tener en cuenta que según el puesto de trabajo que busque, o al que aspire, se requerirán determinadas habilidades o actitudes. Para ello, se deberán analizar los siguientes **aspectos:**

Conocimientos del trabajador a nivel personal y profesional	Conocimientos sobre el mercado de trabajo
- Se trata de que cada individuo determine y reflexione sobre cuáles son sus puntos fuertes o sus debilidades. - En primer lugar, será necesario analizar qué habilidades o características personales tiene cada uno y reflexionar sobre cómo pueden influir en el puesto de trabajo que se desea ocupar. En concreto cada persona deberá analizar su forma de ser, prestando atención a sus hábitos de conducta, sus aptitudes, actitudes y sus limitaciones. - Posteriormente será necesario que el individuo se valore desde un punto de vista profesional, analizando la formación que tiene y la experiencia profesional que ha obtenido. - Con todo ello, lo que se pretende es que cada persona tenga claro qué es lo que puede ofrecer al mercado laboral y las limitaciones que tiene a la hora de ocupar un determinado puesto de trabajo.	- Se trata de conocer las características del mercado laboral en el que se desea buscar un trabajo, ya se a nivel local, provincial, nacional o internacional. - Se deberán analizar qué profesiones son las más demandadas y qué es lo que se exige para el desempeño de un puesto de trabajo determinado o una profesión concreta.

Cuando se tienen los conocimientos suficientes, es decir, una vez que se conoce lo que cada persona puede ofrecer y lo que el mercado laboral demanda, será el momento de establecer el **objetivo profesional** que se desea alcanzar.

3.1. Fases en el proceso de búsqueda de empleo

La planificación y organización del tiempo debe trasladarse a cualquier actividad que se haga, por lo que es necesario desarrollar un proceso de búsqueda de empleo, convirtiéndose en un trabajo estructurado y organizado que nos facilitará el logro de los objetivos propuestos.

A continuación, se explicarán las pautas a seguir en cada una de las fases del proceso.

Formular objetivos

Será necesario establecer objetivos que ayudarán a concretar y establecer una aproximación al tipo de trabajo que se quiere conseguir.

Determinar el entorno profesional

Se debe determinar en qué entorno se quiere trabajar: empresa privada, sector público o por cuenta propia.

Identificar a los agentes de empleo existentes

A continuación, se deberán identificar los agentes de empleo, organismos o entidades que gestionan las ofertas de trabajo, por ejemplo: centro privados, centros oficiales (cámaras de comercio o centros de orientación e información al empleo), asociaciones...

Establecer la estrategia a seguir para encontrar empleo

Una vez definidos los objetivos y el entorno laboral, es necesario establecer una estrategia que combine diferentes vías de acceso al empleo. Algunas de las más relevantes son:

- Ofertas públicas: disponibles en los boletines oficiales y portales de empleo público (BOE, portales autonómicos y locales).
- Portales de empleo *online:* como *InfoJobs, Indeed, Infoempleo* o *LinkedIn*.
- Bolsas de empleo y agencias de colocación: tanto públicas como privadas.
- Consultoras de selección y ETT (empresas de trabajo temporal).
- Red de contactos y *networking* profesional: cada vez más relevante para acceder a oportunidades no publicadas.

A partir de ahí se deben establecer las tareas que se van a realizar y su periodicidad, valorando el tiempo que se va a dedicar y fijando una actuación de seguimiento y control.

Es en el **proyecto profesional** donde se recogen detalladamente todos los pasos que una persona debe dar para conseguir un empleo. Se debe recoger lo que el individuo quiere hacer o dónde quiere llegar, valorando qué es lo que puede aportar al mercado laboral, cuáles son las limitaciones que tiene y qué dificultades va a encontrar para alcanzar el objetivo deseado.

Las fases que hay que tener en cuenta para realizar un proyecto profesional adecuado son:

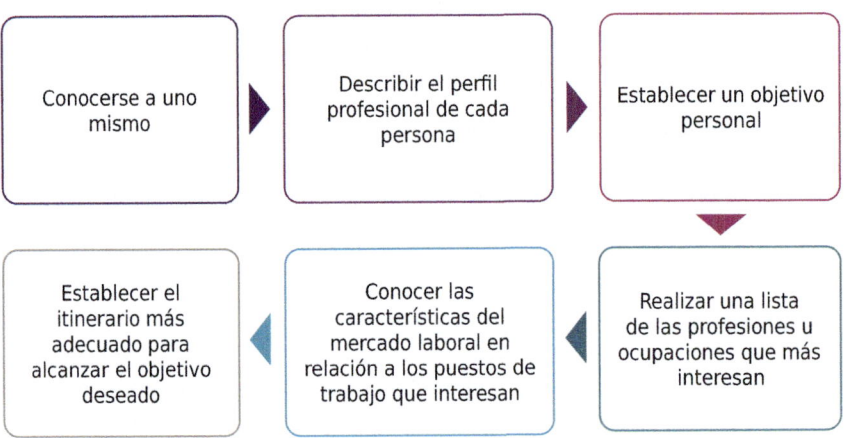

4. Buscar trabajo con agenda

Una búsqueda de empleo bien organizada ayuda a conseguir un trabajo empleando un tiempo menor. Por ese motivo, se recomienda el uso de una **agenda de búsqueda de empleo.**

 DEFINICIÓN

Agenda de búsqueda de empleo
Es una herramienta que permite organizar todas las actividades a realizar durante la búsqueda de un trabajo.

- -

Mediante esta herramienta, la persona puede organizar un **plan de acciones concretas** para su búsqueda de empleo: enviar candidaturas, inscribirse en portales de empleo, asistir a entrevistas, actualizar el perfil en plataformas profesionales como *LinkedIn,* o participar en ferias y programas de orientación laboral.

Sirve también para llevar un control de las empresas con las que ya se ha contactado y recopilar información acerca de las mismas (procesos de selección que llevan a cabo, puestos que ofertan que pueden ser interesantes, etc.).

Puede usarse una agenda cualquiera o diseñar una propia recogiendo los aspectos que se consideren más relevantes.

Esta herramienta va a servir para:

- ⮑ Organizar el tiempo de búsqueda de empleo.
- ⮑ Planificar qué se va a hacer y cuándo.
- ⮑ Realizar un seguimiento de lo que ya se ha realizado.
- ⮑ Verificar si el sistema que se está empleando para buscar trabajo es el adecuado.
- ⮑ A su vez, será necesario llevar a cabo una búsqueda de empleo organizada, considerándola como un trabajo en sí, con tareas y actividades diarias. Por ese motivo, se recomienda el uso de una agenda de búsqueda de empleo.

 APLICACIÓN PRÁCTICA

Alex ha terminado su formación y siente que debe empezar a buscar trabajo, pero está abrumado por la cantidad de información y sitios web. Ha oído hablar de la agenda de búsqueda de empleo, pero no

Continúa en página siguiente >>

<< Viene de página anterior

sabe por dónde empezar a organizarla. Antes de enviar currículums a ciegas o empezar a mirar ofertas, Alex necesita un plan. ¿Cuál es la primera acción que debería realizar Alex para sentar las bases de su búsqueda de empleo?

Solución

Alex debe primero realizar un autoanálisis (DAFO personal) y definir su objetivo profesional para el mercado actual.

El autoanálisis te da el mapa de ruta personal: qué sabes hacer, en qué eres fuerte y qué quieres conseguir. Si no tienes un objetivo profesional claro, corres el riesgo de malgastar energía en ofertas que no encajan contigo. Primero se mira hacia dentro (habilidades, conocimientos, metas) y luego hacia fuera (el mercado laboral). Es una base que ayuda a que cada paso que des después, como adaptar el currículum o elegir las ofertas, esté alineado y tenga mucho más sentido.

---

5. Canales de empleo

Se podría decir que todas las vías de comunicación usadas por las personas y entidades son válidas tanto para publicar cualquier oferta como para hacer uso de ellas para optar a un nuevo empleo.

IMPORTANTE

La clave de este flujo incesante de información es saber elegir el medio; se trata fundamentalmente de pensar estratégicamente qué sector de la población activa conocerá esa oferta.

Por supuesto no solo es importante el fondo, también habrá que dar la importancia debida a la forma, es decir, la oferta de trabajo debe tener toda la información requerida y debe estar bien elaborada.

Las personas que buscan empleo por cuenta ajena cuentan hoy con una amplia variedad de canales y recursos: servicios públicos de empleo, portales web, redes sociales profesionales, ferias de empleo, programas de intermediación laboral y agencias de colocación. A continuación, se describen los más relevantes.

Publicidad

Las ofertas de empleo pueden difundirse a través de diferentes medios de comunicación, tanto tradicionales (radio, televisión o prensa) como digitales (portales web, redes sociales o plataformas especializadas). Aunque los medios tradicionales siguen siendo útiles en determinados contextos, internet se ha convertido en el principal canal de difusión, por su gran alcance, rapidez y bajo coste. Además, esta visibilidad contribuye al posicionamiento de la marca empleadora.

Internet

Debido al impulso de las nuevas tecnologías, internet es el **medio principal en la búsqueda de empleo.** Es una herramienta sencilla y de bajo coste que permite una optimización en la gestión y administración de la recepción de currículum.

Este es un canal utilizado cada vez más por las empresas y que tiene dos vías principales de actuación:

Portales de empleo *online*	Redes sociales especializadas

Bolsas de empleo

Una bolsa de trabajo es otra herramienta que se puede utilizar para buscar empleo. Estas bolsas existen tanto en la empresa privada como en el sector público.

Bolsa de empleo para la empresa privada	Bolsa de empleo para el sector público
- Se trata de crear un listado de varios candidatos interesados en trabajar en la empresa o en un determinado puesto de trabajo, con aquellos aspirantes que superen las entrevistas y las posibles pruebas. El empresario hará uso de bolsa de trabajo cuando necesite cubrir un puesto de trabajo. Pueden existir bolsas de empleo generales o específicas para puestos de trabajo.	- En este ámbito la bolsa de trabajo se asemeja a una lista de reserva de la que se hará uso para la contratación de personal temporal. Para poder formar parte de ella será necesario cumplimentar una solicitud en el modelo oficial y aportar la documentación que soliciten. Se valorarán los méritos aportados según un baremo establecido y se ordenarán a los candidatos por puntuación.

Intermediarios

Se trata de entidades que conectan a los demandantes de empleo con los empresarios.

Estas empresas analizarán las características de los trabajadores, los orientarán hacia la búsqueda de empleo, gestionarán ofertas de empleo y seleccionarán a los candidatos que mejor se adaptan a las ofertas de trabajo.

Los principales **intermediarios del mercado laboral** son:

Entidades públicas como el Servicio Público de Empleo Estatal o centros de información y orientación para el empleo.

Agendas de contratación o colocación.

Empresas de Trabajo Temporal.

Consultoras de Selección de Personal.

Cámaras de Comercio.

Colegios y Asociaciones Profesionales.

Eventos, ferias de empleadores, etc.

Bases de datos de la empresa

Muchas empresas gestionan actualmente bases de datos internas con los currículums recibidos de manera espontánea o a través de procesos previos de selección. Este sistema permite acceder rápidamente a perfiles que ya han mostrado interés por la organización, reduciendo tiempos y costes de contratación. Estas bases se gestionan de acuerdo con la normativa de protección de datos (Reglamento General de Protección de Datos – RGPD), garantizando la confidencialidad y el consentimiento de los candidatos.

Red de contactos

La red de contactos profesionales —también conocida como *networking*— es uno de los medios más eficaces para acceder a oportunidades laborales. Muchas ofertas no se publican en portales, sino que se cubren a través de recomendaciones o contactos directos. Construir y mantener una buena red de relaciones permite estar al tanto de vacantes, obtener referencias y reforzar la visibilidad profesional. Las redes sociales como *LinkedIn* han potenciado este tipo de interacción, facilitando la conexión entre profesionales y empresas.

6. Cómo ganar la selección: currículum vítae, carta de presentación, entrevistas

Elaborando una buena **carta de presentación y currículum vítae** se tendrán más opciones de ser preseleccionado en un puesto de trabajo.

Estos documentos sirven para mostrar las aptitudes y actitudes del candidato a un puesto de trabajo.

 **IMPORTANTE**

La carta de presentación y el currículum vítae son dos documentos diferentes. El currículum es un documento donde el candidato resume sus habilidades, conocimientos y experiencias profesionales, mientras que la carta de presentación se utiliza para describirse a uno mismo destacando los aspectos más

Continúa en página siguiente >>

<< Viene de página anterior

apropiados en función al puesto de trabajo ofertado, explicando por qué eres la persona idónea para cubrir dicho puesto. La carta de presentación busca llamar la atención del empresario y destacar los aspectos positivos de uno mismo.

Para que el currículum y la carta de presentación sean eficaces es importante que se encuentren **actualizados** y que se **adapten** a las características del puesto de trabajo ofertado.

Por otro lado, se debe destacar que la entrevista es un elemento fundamental de todo proceso selectivo. Es el medio más usado, bien sea por los profesionales de la selección o por los responsables encargados de tomar la decisión definitiva.

6.1. El currículum vítae

El currículum vítae es el resumen, tanto de la formación como de la experiencia laboral, que realiza la persona para acceder a un puesto de trabajo.

 SABÍAS QUE...

El error más frecuente en la elaboración de un currículum vítae versa sobre la forma, es fácil errar en el diseño o en la presentación del mismo, no cuidar la ortografía, usar una foto inadecuada, adornarlo con datos innecesarios o desviarse del objetivo principal son los desaciertos más comunes.

Cada persona elaborará el currículum vítae de la mejor manera posible, aunque de forma general existen cuatro tipos de currículum que pueden ser utilizados.

TIPO DE CURRÍCULUM	CARACTERÍSTICAS
Currículum cronológico	- Se da información sobre la experiencia profesional y formación de forma secuencial y cronológica. - Debe contener los datos personales, formación, experiencia, idiomas, informática y otros datos de interés. - Este tipo de currículum es adecuado cuando se quiera resaltar el crecimiento profesional, si permite leer un recorrido profesional coherente con la oferta o si se ha trabajado en empresas prestigiosas. - Este tipo de currículum no es adecuado si se ha cambiado muchas veces de empresa o no se ha cambiado nunca, y si llevamos mucho tiempo fuera del mercado o el historial no es coherente con la oferta.
Currículum por funciones	- Se estructura en bloques en función de la experiencia profesional. - Se detallan las funciones desarrolladas en otros trabajos relacionadas con la oferta de empleo, los datos personales y el resto de información profesional. - Mediante este tipo de currículum se destacan los puntos fuertes. - Es adecuado cuando se tienen una o varias profesiones, si hay cambios de profesión, si se accede al primer empleo o si se ha estado mucho tiempo en paro. - No es adecuado cuando la/s función/es que se piden en la oferta no se acrediten por el currículum, ni cuando se exijan los periodos trabajados.
Currículum por proyectos	- Se describen los proyectos en los que el candidato ha participado y las competencias que tiene. - Debe contener el contenido de los proyectos realizados, los datos personales y la información profesional. - Es adecuado cuando el puesto ofertado es la realización de un proyecto.
Currículum creativo	- Se deben indicar las habilidades específicas que posee el candidato en actividades creativas y de diseño. - La información se estructura como una secuencia de materiales multimedia que resume la creatividad profesional. - Es adecuado cuando la oferta requiera creatividad como requisito fundamental.

Continúa en página siguiente >>

<< Viene de página anterior

TIPO DE CURRÍCULUM	CARACTERÍSTICAS
Currículum europeo	- Es un modelo propuesto por la Comisión de las Comunidades Europeas en Recomendación de 11 de marzo de 2002. - Este tipo ordena la información siguiendo una plantilla, previamente consensuada, por los países de la Unión Europea. - Está diseñado principalmente para buscar trabajo en la Unión Europea y para participar en programas educativos y formativos en la misma. - Presenta las competencias y cualificaciones de una manera normalizada para todos los países que la conforman.

El currículum es la carta de presentación ante la empresa y debe incluir información clara y relevante sobre el perfil del candidato:

- ⮞ **Datos personales:** nombre, contacto y dirección.
- ⮞ **Formación académica y complementaria:** estudios y cursos relacionados con el puesto.
- ⮞ **Experiencia profesional:** empleos anteriores y funciones principales.
- ⮞ **Idiomas y conocimientos informáticos:** nivel y programas dominados.
- ⮞ **Otros datos de interés:** carné de conducir, disponibilidad, habilidades o logros vinculados al empleo.

 **EJEMPLO**

Accede al siguiente enlace para consultar un ejemplo de currículum vítae.

https://redirectoronline.com/fcoo030101

6.2. La carta de presentación

Se entiende por carta de presentación al documento que acompaña al currículum vítae con el objetivo de presentarlo y de identificar el empleo que se solicita. Esta carta **ha de ser breve y personalizada,** demostrando interés y motivación.

IMPORTANTE

La carta de presentación es un escrito dirigido a la empresa donde se planta la candidatura para el puesto de trabajo ofertado.

El objetivo de la carta de presentación es captar el interés de los seleccionadores para poder pasar al siguiente nivel del proceso de selección.

Existen dos tipos de cartas de presentación, dependiendo de su finalidad:

Responder a una oferta de empleo	Autocandidatura
- La carta debe ajustarse a la oferta, destacando los puntos fuertes del currículum que cubran las necesidades que demandan en la empresa.	- Se envía por cuenta propia, para que la tengan en cuenta en futuros procesos de selección. Se debe explicar la motivación que le lleva hasta esa empresa y qué puede aportar a ella.

Independientemente de su tipología, toda carta de presentación debe tener la misma estructura:

1. **Encabezamiento:** se sitúa en el margen izquierdo superior. Contiene nombre, apellidos, dirección postal, teléfono y correo electrónico.
2. **Fecha:** en el margen derecho, después del encabezamiento, debe aparecer la fecha de envío de la carta.
3. **Saludo de cortesía:** suele usarse "Estimados/as señores/as" o "Muy señores/as míos/as".
4. **Primer párrafo:** incluye el motivo por el que se envía la carta. Si la carta solicita un empleo que la empresa ha publicado, debe mencionar el

anuncio de la oferta y la fuente. En cambio, si se envía una autocandidatura, se expondrá el tipo de trabajo que se solicita.

5. **Segundo párrafo:** manifiesta las razones por las que se está interesado en trabajar en esta empresa, así como las competencias del perfil profesional que encajan en el puesto solicitado. Es decir, se trata de realizar un resumen atractivo de los puntos del currículum que se ajustan a dicho puesto.

6. **Tercer párrafo:** se muestra el deseo de concretar una entrevista. Por ejemplo: "Espero que consideren mi candidatura con vistas a una entrevista, donde podremos analizar con más detalle mi currículum".

7. **Despedida:** fin de la carta con una fórmula de cortesía como puede ser "Agradeciéndoles la atención prestada, les saluda atentamente...". Se finaliza con el nombre y la firma del autor de la misma.

6.3. La entrevista

En un proceso de selección, la entrevista de trabajo es el elemento más importante. A ella solo acceden los **candidatos con mayores probabilidades de conseguir el puesto ofertado.**

 **DEFINICIÓN**

Entrevista de trabajo
Es una comunicación de carácter verbal entre dos o más personas, con el propósito de intercambiar información, ideas u opiniones, con un carácter estrictamente profesional.

La empresa, a través de la entrevista, logra información directa sobre la trayectoria profesional y la personalidad del entrevistado, averiguando así si cumple con el perfil profesional que se requiere.

El entrevistado, a su vez, puede conseguir a través de ella información directa de la empresa, para contrastarla con la información previa que tuviera. También tiene la oportunidad de **demostrar que es la persona adecuada para el puesto.**

La entrevista de selección persigue tres **objetivos** fundamentales:

⮕ **Recoger información:** comprobar que el candidato reúne los requisitos necesarios para desempeñar satisfactoriamente el puesto de trabajo en cuanto a conocimientos, experiencia, competencias, motivación e intereses.

⮕ **Informar:** facilitar al candidato datos sobre la organización y el puesto de trabajo, para que pueda determinar si está interesado en él.

⮕ **Motivar:** producir en el candidato una buena imagen de la organización, por medio de su modo de tratar al personal.

Se pueden clasificar los tipos de entrevista en función de diferentes criterios, en concreto los tipos de entrevistas pueden ser:

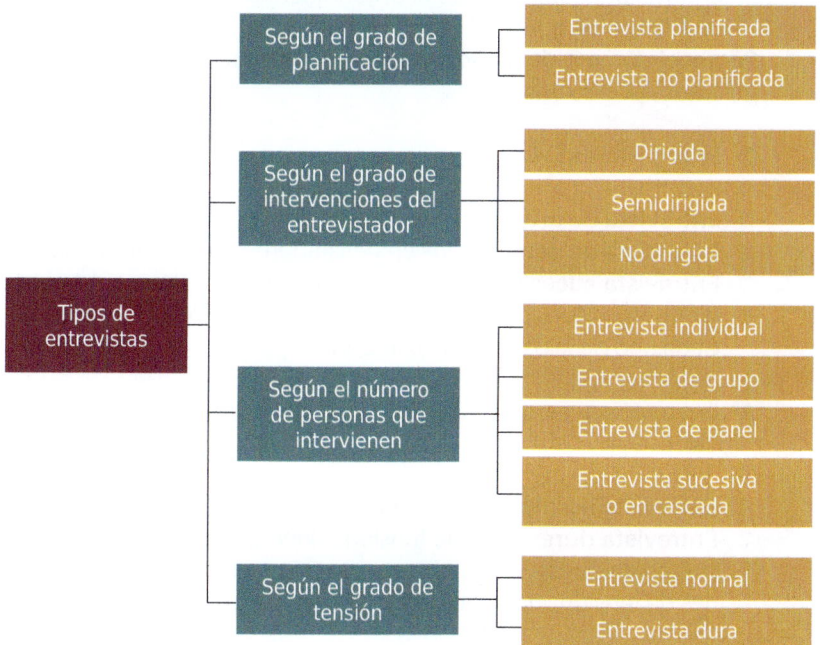

A continuación, se analizan los tipos de entrevista **según el grado de planificación:**

⮕ **Entrevista planificada:** el entrevistador tiene un plan trazado sobre el desarrollo de la entrevista. Esto hace que sea sistematizada, aunque tiene el inconveniente de ser menos flexible, debido a su rigidez.

⊃ **Entrevista no planificada:** el entrevistador no tiene ninguna estrategia planteada, por lo que es mucho más flexible que una entrevista planificada, permitiendo establecer un clima de confianza donde el entrevistado, en este caso, interviene más.

A continuación, se describen los tipos de entrevistas **en función del grado de intervenciones del entrevistador:**

⊃ **Dirigida:** la entrevista es dirigida por el entrevistador que hace una serie de preguntas ya planificadas. El candidato debe responder de forma clara y precisa.
⊃ **Semidirigida:** las preguntas propuestas por el entrevistador son generales y abiertas para que el entrevistado se extienda en las respuestas.
⊃ **No dirigida:** no requiere ningún grado de estructuración. En este caso el entrevistador anima a hablar al candidato sobre un tema propuesto con un mínimo de guía.

Según el número de personas que intervienen podemos encontrar los siguientes tipos de entrevistas:

⊃ **Entrevista individual:** participa un único entrevistador y un único entrevistado.
⊃ **Entrevista de grupo:** único entrevistador y varios candidatos.
⊃ **Entrevista de panel:** varios entrevistadores y un entrevistado.
⊃ **Entrevista sucesiva o en cascada:** cada candidato es entrevistado de forma individual, pero por diferentes entrevistadores de forma sucesiva. Cada uno de ellos emitirá un informe.

A continuación, se describen los tipos de entrevista **según el grado de tensión:**

⊃ **Entrevista normal:** clima relajado y de confianza.
⊃ **Entrevista dura:** clima de tensión. Tiene como finalidad averiguar si el candidato es capaz de trabajar y reaccionar favorablemente en situaciones de tensión, incomodidad y presión.

La entrevista se divide en cinco **fases:**

⊃ **Preparación:** el entrevistador analiza el puesto, el perfil del candidato y define objetivos; el candidato repasa su currículum, se informa sobre la empresa y ensaya respuestas.
⊃ **Introducción:** se presenta al candidato, se explican los objetivos y se genera un ambiente de confianza.
⊃ **Desarrollo:** se revisan datos personales, formación, experiencia, habilidades y motivaciones. El entrevistador obtiene información relevante y el candidato debe mostrarse puntual, claro, natural y seguro.

- ➲ **Cierre:** se resuelven dudas, se informa sobre los próximos pasos y se agradece la participación.
- ➲ **Evaluación:** el entrevistador analiza la idoneidad del candidato y el aspirante valora su desempeño y la impresión de la empresa.

7. Emprendedores: plan de negocio, montar empresas, ayudas al emprendedor, capitalización de prestaciones

Debido a los cambios sociales y económicos de los últimos años, causados por la crisis económica, se hace necesario buscar nuevas formas de favorecer el crecimiento y reactivar la economía.

NOTA

Como consecuencia de la reducción de empleo por cuenta ajena y del empleo público, deben aparecer nuevas soluciones que activen el mercado laboral. Cada vez se valoran más las iniciativas empresariales; entre ellas el autoempleo como un factor clave en la creación de empleo, en la mejora de la competitividad y del crecimiento económico del país.

La **iniciativa emprendedora** ha sido siempre uno de los pilares indiscutibles del desarrollo económico y es responsable en gran medida de **generar riqueza y bienestar social.** Sin embargo, la creciente competitividad y saturación de un mercado de dimensiones globales hace imprescindible un profundo análisis de nuestras posibilidades como emprendedores.

En realidad, el emprendedor es toda aquella persona poseedora de una serie de habilidades y actitudes necesarias para el desarrollo óptimo de actividades en una gran diversidad de terrenos.

Será fundamental en todo emprendedor la **germinación de una idea** que va a dar lugar a la consecución de un objetivo u objetivos, requiriendo para ello de medios, recursos, un considerable esfuerzo y grandes dosis de ilusión y afán de superación, características que hacen reconocible al emprendedor.

7.1. Plan de negocio

El plan de negocio es un documento que sirve de **guía para el emprendedor.** En él se describe un negocio, se analiza la situación del mercado y se establecen las acciones que se llevarán a cabo en un futuro, junto a las estrategias que se implantarán para llevarlas a cabo.

DEFINICIÓN

Plan de negocio

Documento en el que se recoge la idea de negocio de una persona. En él se pretende justificar la creación de una empresa y se analiza la viabilidad de la operación.

- -

La elaboración de un plan de negocio obliga a analizar el proceso necesario para el funcionamiento de la empresa antes de iniciar la actividad y evitar posibles errores. Se trata de una **planificación inicial** para evaluar cuanto antes los posibles errores y aumentar con ello las probabilidades de éxito.

En definitiva un plan de negocio sirve para analizar con detalle la idea de negocio y debe cumplir las siguientes **funciones:**

Identificar, describir y sintetizar la idea de negocio.
Estudiar la viabilidad de la idea de negocio para determinar si se puede realizar y si será rentable.
Determinar qué pasos se van a seguir, planificar las estrategias a realizar e identificar los recursos necesarios para convertir la idea de negocio en una empresa.
Servirá para presentar la idea a otros agentes externos con el objetivo de obtener financiación, como por ejemplo: entidades financieras, administraciones públicas, inversores privados...

Un plan de negocio describe todos los aspectos de un proyecto empresarial:

- ⮞ **Introducción:** presenta la idea del negocio, su origen, nombre comercial, objetivos generales, ubicación y motivos de elección del lugar.
- ⮞ **Estudio de mercado:** analiza los productos o servicios que se ofrecerán, el público objetivo, el tamaño del mercado, la competencia, la demanda y las oportunidades de crecimiento.

- **Plan comercial o de *marketing*:** define las estrategias para captar clientes, las previsiones de ventas (mensuales y anuales), el equipo de ventas y sus incentivos.
- **Plan de producción:** explica cómo se elaborarán los productos o se prestarán los servicios, detallando fases, procesos y recursos necesarios.
- **Organización y recursos humanos:** detalla la estructura de la empresa, los puestos de trabajo, las funciones, el tipo de contratos, horarios y políticas salariales.
- **Plan económico y financiero:** evalúa la inversión inicial, los costes, las fuentes de financiación y la rentabilidad prevista del proyecto.
- **Valoración final:** resume la viabilidad técnica, económica y financiera del negocio, determinando si el proyecto es sostenible y rentable.

El **resumen ejecutivo** es una síntesis del plan de negocio que presenta de forma clara los puntos clave del proyecto. Debe incluir:

- **Datos principales del negocio:** nombre de la empresa, tipo y localización.
- **Descripción breve del bien o servicio** que se ofrecerá.
- **Idea del negocio:** razones que justifican su elección.
- **Aspectos innovadores o diferenciadores** del producto o servicio frente a la competencia.
- **Ventajas competitivas:** factores técnicos, económicos o financieros que hacen viable el negocio a largo plazo.
- **Objetivos del negocio y estrategia o táctica** para alcanzarlos.
- **Inversión necesaria y rentabilidad prevista.**
- **Resumen financiero** con los principales indicadores.
- **Impacto ambiental del proyecto.**
- **Conclusiones** sobre la viabilidad y sostenibilidad del plan de empresa.

Una **idea de negocio** es lo que una persona tiene cuando decide emprender. Es decir, la idea de negocio es el producto o servicio que se quiere ofrecer en el mercado.

IMPORTANTE

La idea de negocio parte de una descripción breve y específica de lo que el emprendedor quiere hacer. Normalmente se pretende encontrar una idea novedosa, es decir, algo diferente que no haya sido explotado.

Para que una idea de negocio sea buena, debe cumplir las siguientes **características:**

Debe ser capaz de cubrir una necesidad existente en el mercado.
Debe proporcionar beneficios.
Debe ser un producto o servicio innovador, atractivo y que se pueda comercializar.
Debe ser una idea realista, es decir, el emprendedor debe ser capaz de desarrollarla y llevarla a la práctica.

Obtener una idea de negocio no es algo sencillo, es un proceso que requiere concentración. Tener una idea o decidir qué negocio se va a poner en marcha, requiere que el emprendedor tenga ciertos conocimientos y analice las **oportunidades que ofrece el mercado.** Lo normal es que un emprendedor consulte varias fuentes, para así dar con una idea de negocio adecuada para conseguir el éxito empresarial; algunas fuentes son:

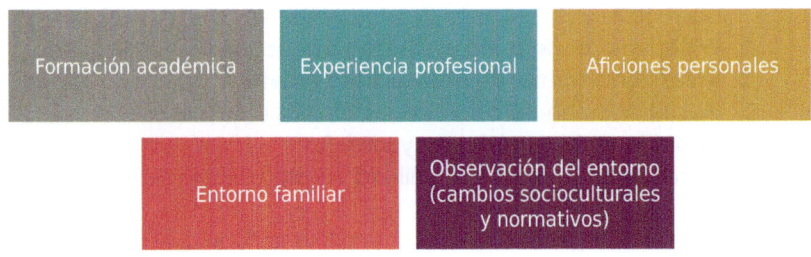

7.2. Montar empresas

Al plantearse crear una empresa, hay que elegir **la forma jurídica** más apropiada dentro de las opciones establecidas en el ordenamiento jurídico. En España existe una gran variedad de formas jurídicas y los trámites para la creación de empresas dependerán en gran medida de la forma jurídica elegida (sociedad, autónomo, cooperativa...).

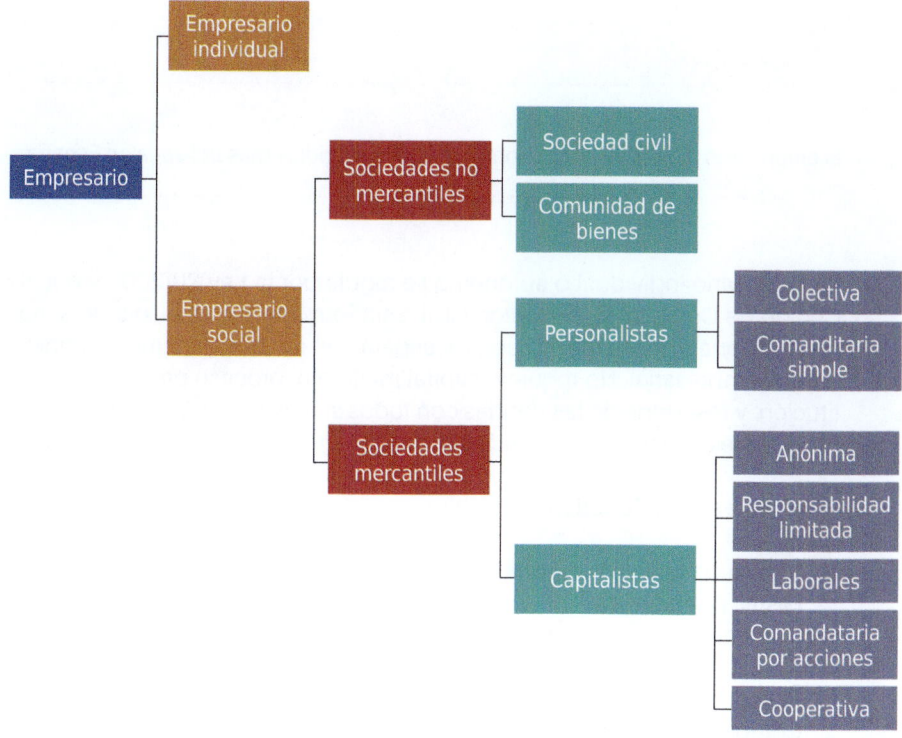

Aunque son muchas las posibilidades a la hora de montar una empresa, lo normal es que el emprendedor decida constituirse como **empresario individual,** o crear una sociedad limitada.

A continuación, se van a explicar los tipos de empresas que son más utilizadas por los emprendedores.

Empresario individual

Se llama **profesional autónomo** a todas aquellas personas que trabajan por cuenta propia bajo la forma jurídica de empresario individual.

El empresario individual es una persona física que ejerce habitualmente, en nombre propio, una actividad comercial, industrial o profesional con la finalidad de obtener un beneficio.

 **SABÍAS QUE...**

El empresario individual o autónomo es la forma jurídica más utilizada en España.

El empresario individual o autónomo se regula por la Ley 20/2007 y por el Código de Comercio y el Código Civil. Está formado por una sola persona que gestiona y posee la empresa, sin separación entre su patrimonio personal y el empresarial. No requiere capital mínimo ni proceso previo de constitución, y responde de las deudas con todos sus bienes. Tributa por IRPF e IVA, y debe cotizar en la Seguridad Social.

Principales características:

- Un único titular con control total.
- Misma personalidad jurídica que el propietario.
- Denominación social libre.
- Sin capital mínimo ni constitución formal previa.
- Responsabilidad ilimitada.
- Compatibilidad con el Régimen General de la Seguridad Social.

Trámites principales:

1. Alta en el Censo de empresarios, profesionales y retenedores.
2. Alta en el RETA.

   ○ Obtener la licencia municipal de apertura.

3. Comunicar la apertura del centro de trabajo.
4. Solicitar la licencia de obras, si procede.
5. Legalizar los libros contables.
6. Inscribir la empresa en la Tesorería General de la Seguridad Social.

Emprendedor de responsabilidad limitada

Con la Ley 14/2013, de 27 de septiembre, de apoyo a los emprendedores y su internacionalización se crea la figura del Emprendedor de Responsabilidad Limitada.

IMPORTANTE

Mediante esta figura el emprendedor, persona física, podrá evitar que la responsabilidad derivada de sus deudas empresariales afecten a su vivienda habitual.

El Emprendedor de Responsabilidad Limitada (ERL) es una modalidad del empresario individual que permite proteger la vivienda habitual frente a las deudas empresariales, salvo las de derecho público.

Características principales:

➲ La responsabilidad se limita, excluyendo la vivienda habitual si no supera los 300.000 €.
➲ El titular mantiene el control total y la misma personalidad jurídica que la empresa.
➲ No exige capital mínimo.
➲ Debe añadir las siglas "ERL" a su nombre en toda la documentación.
➲ Está obligado a formular y auditar las cuentas anuales como una sociedad unipersonal.

Trámites necesarios:

1. Acta notarial con los datos de la vivienda protegida.
2. Pago del Impuesto sobre Transmisiones Patrimoniales y Actos Jurídicos Documentados.
3. Inscripción en el Registro Mercantil y en el Registro de la Propiedad. Alta en el Censo de empresarios y en el RETA.
4. Solicitud de licencias municipales y comunicación de apertura.
5. Legalización de libros contables e inscripción en la Seguridad Social.

Sociedad limitada

Este tipo de sociedad es muy utilizado en la actualidad cuando se decide crear una pequeña empresa y la principal razón es que esta forma jurídica permite mantener el patrimonio particular de los socios, separado del patrimonio de la empresa.

DEFINICIÓN

Sociedad Limitada

Sociedad de carácter mercantil en la que el capital social, que estará dividido en participaciones sociales, indivisibles y acumulables, se integrará por las aportaciones de todos los socios, quienes no responderán personalmente de las deudas sociales.

La Sociedad de Responsabilidad Limitada (S. L.) tiene personalidad jurídica propia y carácter mercantil, independientemente de su actividad.

Características principales:

- ⮑ Capital mínimo: 3.000 €, totalmente suscrito y desembolsado.
- ⮑ Participaciones sociales: iguales, indivisibles y acumulables.
- ⮑ Puede haber participaciones sin derecho a voto (máx. la mitad del capital).
- ⮑ Denominación: debe incluir S.L. o S.R.L.
- ⮑ Puede constituirse con un solo socio.
- ⮑ La responsabilidad se limita al capital aportado.
- ⮑ Solo se admiten bienes o derechos valorables económicamente como aportación.
- ⮑ Tributa por el Impuesto de Sociedades.
- ⮑ Debe llevar libros contables y registros societarios.

Principales trámites de constitución:

1. Escritura pública ante notario e inscripción en el Registro Mercantil.
2. Estatutos sociales y certificación del nombre.
3. Liquidación de impuestos (ITP y AJD).
4. Altas fiscales (Censo e IAE).
5. Licencias municipales y comunicación de apertura.
6. Alta en la Seguridad Social de socios y administradores.
7. Legalización de libros obligatorios.

7.3. Ayudas al emprendedor

Cuando se decide poner en marcha un pequeño negocio o microempresa surge el problema de **buscar financiación** para la misma, ya que hay veces que el empresario no tiene recursos propios o no tiene capacidad para endeudarse. Por este motivo, existen **ayudas o subvenciones** dirigidas a cubrir la inversión inicial necesaria para comenzar a desarrollar la actividad.

 **NOTA**

Las ayudas a las empresas suelen ser limitadas en el tiempo, algunas se convocan con carácter anual y otras solo para períodos concretos. Es importante analizar todas las posibilidades, ya que existen muchas ayudas que son incompatibles entre sí. Las cantidades o los conceptos subvencionados van a depender de la forma jurídica que adquiera o tenga la empresa, de la actividad que desarrolle, de los empleados que haya o de su antigüedad.

Las ayudas, subsidios o subvenciones para empresas se gestionan a través de organismos públicos y pueden ser de ámbito comunitario, estatal, autonómico o local:

- **Estatales:** concedidas por el Gobierno central, a menudo cofinanciadas con fondos europeos. Incluyen incentivos a la inversión, subvenciones a la contratación, fomento de la innovación o beneficios fiscales.
- **Autonómicas:** otorgadas por las comunidades autónomas para complementar o sustituir las estatales. Pueden incluir ayudas a la creación de empleo, apoyo territorial o mejoras en infraestructuras.
- **Locales:** gestionadas por ayuntamientos o entidades municipales, centradas en infraestructuras, licencias o permisos.
- **Comunitarias:** financiadas por la Unión Europea, que impulsa proyectos empresariales alineados con sus objetivos y establece los requisitos y directrices para acceder a ellas.

7.4. Capitalización de prestaciones

El pago único o capitalización del desempleo es una medida para **fomentar el empleo autónomo** mediante el abono del valor del importe de la prestación por desempleo de nivel contributivo a las personas beneficiarias de prestaciones que quieran constituir una empresa o incorporarse, de forma estable, como socios trabajadores en cooperativas o en sociedades laborales.

 **IMPORTANTE**

El pago único del desempleo lo pueden solicitar personas que estén en situación de desempleo y quieren iniciar su propio negocio. Consiste en cobrar en un solo pago todo o parte del importe pendiente de la prestación por desempleo.

Para capitalizar la prestación por desempleo, la persona debe:

- Ser beneficiaria de una prestación contributiva y tener al menos tres mensualidades pendientes (seis en caso de cese de actividad).
- No haber solicitado esta ayuda en los últimos cuatro años.
- Iniciar la actividad dentro del mes siguiente a la concesión.
- No haber compatibilizado trabajo autónomo y paro en los 24 meses previos.

Características principales:

- Se recibe un pago único por la cuantía pendiente, descontando el interés legal.
- Puede destinarse hasta el 100 % a la inversión inicial o aportación al capital de una sociedad.
- Se admite usar hasta un 15 % para formación o asesoramiento.
- Si no se usa todo, el resto puede aplicarse a bonificar la cotización a la Seguridad Social.

ACTIVIDAD COMPLEMENTARIA

1. Investiga un puesto de trabajo en tu sector de interés que consideres que tendrá mucha demanda en los próximos cinco años (por ejemplo: gestor de comunidades *online,* técnico de energías renovables, especialista en logística, etc.).
Una vez elegido el perfil, analizar al menos dos ofertas de empleo reales y elabora una "Descripción de Competencias" para ese rol. En esta descripción, incluye tres tipos de elementos:

   • Conocimientos técnicos (los qué necesitas saber).
   • Habilidades transversales (las cómo te comportas: comunicación, liderazgo, etc.).
   • Certificaciones o formaciones extra (lo que marca la diferencia).

   Finalmente, propón tres acciones concretas que llevarías a cabo para adquirir o mejorar esas competencias en los próximos seis meses.

8. Resumen

Buscar empleo requiere conocer el mercado laboral (su situación, evolución y demanda de perfiles) y definir un objetivo profesional realista. Factores como la globalización, la tecnología o los cambios sociales influyen en su dinamismo. Cada persona debe identificar sus competencias, habilidades y actitudes para diseñar su propio proyecto profesional.

Los canales de búsqueda de empleo más comunes son:

Es esencial preparar una carta de presentación, un currículum claro y afrontar con éxito la entrevista de trabajo, organizando todo el proceso mediante una agenda de búsqueda.

Como alternativa, está el autoempleo, que implica crear un negocio. Para ello se elabora un plan de negocio con:

Al constituir una empresa, se debe elegir la forma jurídica adecuada según el riesgo y número de socios. Las más comunes son empresario individual, emprendedor de responsabilidad limitada y sociedad limitada.

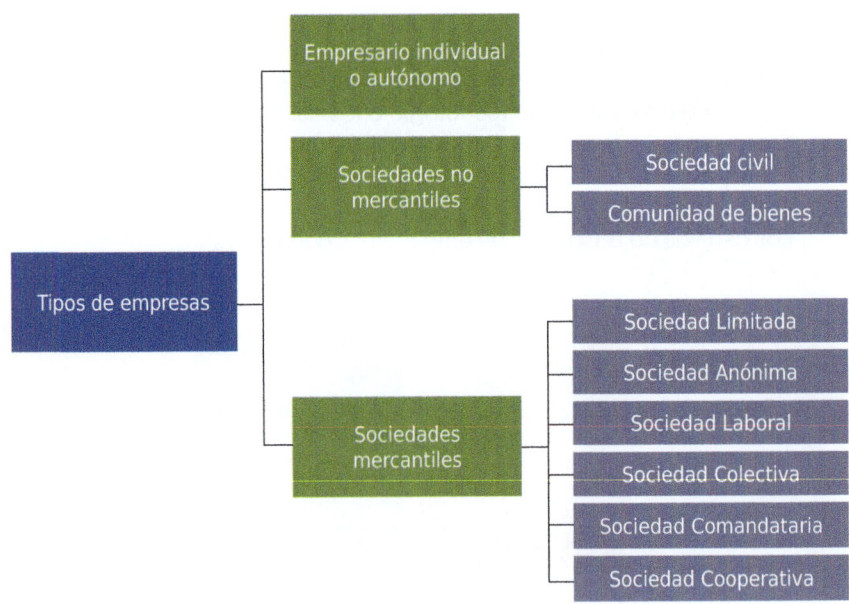

Por último, existen ayudas y subvenciones de origen local, autonómico, estatal o europeo, entre ellas la capitalización del paro, que permite recibir la prestación en un solo pago para invertir en la creación del negocio.

Ejercicios de autoevaluación
Unidad de Aprendizaje 1

1. **Los nuevos yacimientos de empleo pueden clasificarse en diferentes sectores. Relaciona cada sector con la actividad que contempla.**

   a. Vida diaria.
   b. Mejora de la calidad de vida.
   c. Cultura y ocio.
   d. Protección del medioambiente.

   __ Desarrollo cultural local.
   __ Servicio a domicilio o atención a personas dependientes.
   __ Seguridad de los lugares públicos y viviendas.
   __ Gestión de los residuos.

2. **Identifica si las siguientes afirmaciones son verdaderas o falsas.**

   a. Las competencias profesionales son el conjunto de competencias y capacidades que tiene una persona para poder desempeñar las funciones y tareas de un puesto de trabajo.

   - Verdadero
   - Falso

   b. El perfil profesional es el conjunto de conocimientos, habilidades, aptitudes, actitudes y motivaciones requeridos para desempeñar una actividad profesional.

   - Verdadero
   - Falso

3. **Ordena las fases del proceso de búsqueda de empleo.**

   __ Determinar el entorno profesional.
   __ Identificar a los agentes de empleo existentes.
   __ Establecer la estrategia a seguir para encontrar empleo.
   __ Formular objetivos.

4. El currículum que se estructura en bloques en función de la experiencia profesional se denomina:

    a. Currículum por funciones.
    b. Currículum por proyectos.
    c. Currículum europeo.
    d. Currículum cronológico.

5. La forma jurídica mediante la que una persona física podrá evitar que la responsabilidad derivada de sus deudas afecten a su vivienda habitual se denomina...

    a. ... empresario individual.
    b. ... sociedad limitada.
    c. ... emprendedor de responsabilidad limitada.
    d. ... sociedad anónima.

Sensibilización medioambiental

Contenido

1. Introducción
2. Conceptos básicos: medioambiente, cambio climático, desarrollo sostenible
3. Buenas prácticas ambientales en la actividad profesional objeto de formación
4. Resumen

Objetivos

El objetivo específico de este unidad de aprendizaje es:

→ Potenciar en el alumno la responsabilidad medioambiental en el ejercicio de su actividad profesional.

1. Introducción

Las necesidades de una población en continuo crecimiento junto con la degradación del entorno y el agotamiento de los recursos naturales son las principales causas que han motivado la búsqueda de alternativas viables que permitan mitigar, en la medida de lo posible, los efectos que se derivan de esta situación.

Conceptos como medioambiente, cambio climático y desarrollo sostenible son esenciales para entender qué está pasando y buscar alternativas que permitan **conservar el entorno** que nos rodea.

En la actualidad, las empresas son cada vez más conscientes del impacto ambiental de sus actividades y aplican medidas para reducirlo. Estas acciones responden tanto a la creciente presión social y de los consumidores como a las exigencias normativas establecidas por la legislación ambiental vigente, como la Ley 7/2021, de cambio climático y transición energética, o el Pacto Verde Europeo impulsado por la Unión Europea.

Sea como sea, es fundamental que las empresas tomen conciencia del medioambiente y adquieran **buenas prácticas** que permitan frenar el impacto negativo sobre el mismo.

2. Conceptos básicos: medioambiente, cambio climático, desarrollo sostenible

Dentro de este contexto se hace necesario conocer términos como: **medioambiente, cambio climático o desarrollo sostenible.** Estos se desarrollarán con más profundidad a continuación.

2.1. Medioambiente

Los problemas de la degradación de la naturaleza, la contaminación o el deterioro del paisaje y los sistemas ecológicos, unido a las consecuencias de todo ello para las condiciones de vida de los seres humanos han consolidado el uso del término **medioambiente.**

Al pensar en medioambiente, en una primera aproximación, se suele relacionar al medio natural (árboles, animales, montañas...), pero se tiende a olvidar algo muy importante, que es el **componente social** que lleva implícito dicho término. El medioambiente no solo alberga a los recursos naturales que lo componen, sino también al ser humano (componente social), que, además de formar parte de él, es también el factor más influyente.

 IMPORTANTE

El medioambiente es un sistema formado por elementos naturales y antrópicos que se encuentran interrelacionados entre ellos. Se trata del entorno que condiciona la forma de vida de la sociedad e incluye los valores naturales, sociales y culturales que existen en un lugar y momento determinado.

Esquemáticamente, el medioambiente puede ser comprendido como el sistema constituido por elementos y procesos identificados por los siguientes factores:

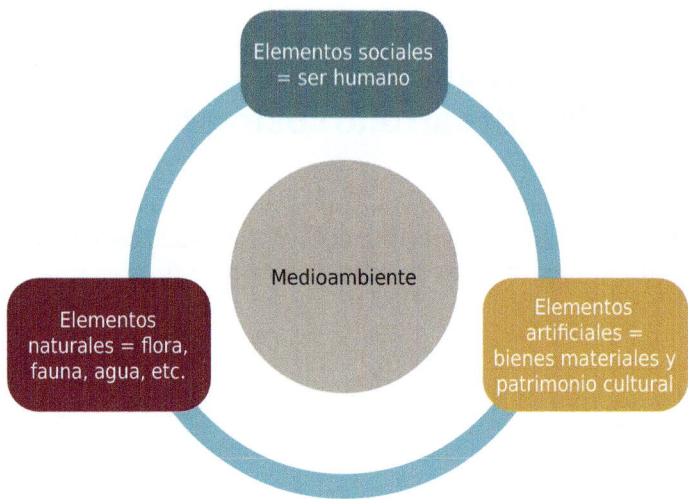

DEFINICIÓN

Medioambiente
Según la norma ISO 14001:2015, el medioambiente se define como "el entorno en el cual una organización opera, incluyendo el aire, el agua, el suelo, los recursos naturales, la flora, la fauna, los seres humanos y sus interrelaciones".

2.2. Cambio climático

El cambio climático es un concepto que se refiere a la **alteración significativa y duradera del clima.**

DEFINICIÓN

Clima
El clima se define como el conjunto de condiciones atmosféricas que caracterizan una región durante un largo período de tiempo. Entre los principales parámetros climáticos se incluyen la temperatura, la humedad, la precipitación, el viento o la radiación solar.

El cambio climático se produce por un cambio significativo en los parámetros normales del clima. Este cambio puede ser propiciado por diferentes **causas:**

- **Causas naturales,** como por ejemplo variaciones en la energía que recibe el sol, erupciones volcánicas, procesos biológicos...
- **Causas influenciadas por la actividad humana,** como por ejemplo la emisión de CO_2 u otros gases que afecten negativamente en el entorno, causando el calentamiento global, tala de árboles, quema de combustibles...

DEFINICIÓN

Calentamiento global
Es un aumento de la temperatura que sufre la atmósfera y los océanos de forma continuada en el tiempo.

El cambio climático tiene un gran impacto en el medioambiente, provocando efectos como por ejemplo el incremento de inundaciones, tormentas, huracanes, tiempos de sequías y olas de calor, incremento del nivel del mar debido a la descongelación de los polos...

Uno de los procesos que contribuye al cambio climático es el **efecto invernadero,** que permite mantener la temperatura de la Tierra, pero cuyo aumento provoca desequilibrios en el clima.

DEFINICIÓN

Efecto invernadero
Proceso mediante el cual sube la temperatura de la atmósfera como consecuencia de la concentración de determinados gases, principalmente dióxido de carbono.

El cambio climático es el mayor problema medioambiental, ya que las influencias sobre el medioambiente son muy graves, debido a las emisiones de gases efecto invernadero.

Los efectos del cambio climático pueden verse desde dos puntos de vista:

Impactos en el entorno como aumento de la temperatura global de la tierra, subida del nivel del mar o deshielo progresivo de las masas glaciares.

Impactos económicos y sociales como daños en cosechas y en producción alimentaria, sequías, fenómenos meteorológicos extremos como huracanes o tormentas...

A pesar del gran problema que es el cambio climático, existen soluciones para poder frenar su avance como **el uso de las energías renovables y la eficiencia energética.**

2.3. Desarrollo sostenible

El desarrollo sostenible busca satisfacer las necesidades actuales sin comprometer los recursos y oportunidades de las generaciones futuras. Surge de la necesidad de equilibrar el crecimiento económico, la equidad social y la protección del medioambiente.

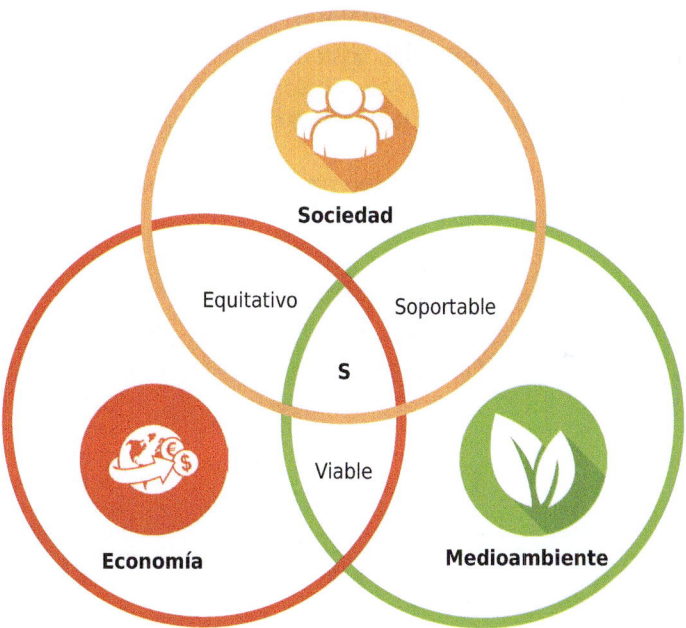

El desarrollo sostenible satisface las necesidades del presente sin comprometer la capacidad para que las futuras generaciones puedan satisfacer sus propias necesidades.

IMPORTANTE

El término desarrollo sostenible integra de un modo ambiguo dos ámbitos de razonamientos diferentes: el del pensamiento económico tradicional y el de pensamiento ecológico.

La idea de sostenibilidad comenzó a desarrollarse en el ámbito ecológico, impulsada por organizaciones internacionales como la Unión Internacional para la Conservación de la Naturaleza (UICN). En sus inicios, el enfoque se centraba en la protección del medioambiente, sin prestar tanta atención al crecimiento económico.

Esta estrategia de desarrollo sostenible contemplaba tres prioridades: el mantenimiento de los procesos ecológicos, el uso sostenible de los recursos y el mantenimiento de la diversidad genética.

El concepto de desarrollo sostenible engloba, al mismo tiempo, los siguientes significados:

Sostenibilidad ecológica	Sostenibilidad económica	Sostenibilidad social
- Mantenimiento de las características de los ecosistemas que permiten la vida y la base material de la economía.	- Gestión adecuada de los bienes ambientales, congruente con las metas de la sostenibilidad ecológica.	- Distribución adecuada y justa de los costos y beneficios entre la población actual y las generaciones futuras (solidaridad intergeneracional), en un marco de sostenibilidad económica y ecológica.

 ACTIVIDAD COMPLEMENTARIA

2. Elige un objeto o producto que uses con mucha frecuencia en tu casa o en tu lugar de estudio/trabajo (por ejemplo: una botella de agua, un cuaderno, un cargador de móvil, una cafetera).

Continúa en página siguiente >>

<< Viene de página anterior

A continuación, redacta una "descripción de su vida circular sostenible" explicando cómo se podría mejorar su ciclo de vida para que cause el mínimo impacto ambiental. Identifica y describe los siguientes puntos:

- Diseño: ¿con qué materiales renovables o reciclados se fabricará?
- Uso: ¿cómo se maximizará su durabilidad o se reparará fácilmente?
- Fin de vida: ¿cómo se gestionará su residuo? ¿Cómo se reincorporarán sus materiales al ciclo productivo (reutilización/reciclaje)?

---

3. Buenas prácticas ambientales en la actividad profesional objeto de formación

Cuidar el medioambiente no es solo una cuestión ética o de imagen, sino una responsabilidad legal y social. La normativa española en materia ambiental es amplia y afecta especialmente a las empresas e industrias, que deben adaptar sus procesos para evitar la contaminación y hacer un uso más racional de los recursos. Aunque la legislación puede resultar compleja, su aplicación es una parte esencial del compromiso empresarial con la sostenibilidad.

Las empresas influyen directamente en el entorno a través de actividades que pueden generar emisiones a la atmósfera, vertidos, ruidos, residuos o contaminantes. Por ello, deben tomar medidas preventivas y, si se produce algún daño, asumir la obligación de repararlo. Este principio está recogido en el **artículo 45 de la Constitución Española,** que reconoce el derecho de todos los ciudadanos a disfrutar de un medioambiente adecuado y el deber de conservarlo.

Una de las leyes más importantes es la **Ley 26/2007, de Responsabilidad Medioambiental,** que introduce en España el principio de **"quien contamina, paga".** Esto significa que las empresas deben prevenir los daños, evitar que ocurran y, en caso de que se produzcan, restaurar el entorno afectado. Las actividades con mayor riesgo ambiental deben contar además con una **garantía financiera,** que asegure que pueden asumir los costes de reparación si fuera necesario.

Otra norma clave es la **Ley 2/2011, de Economía Sostenible,** que promueve un modelo de crecimiento donde el desarrollo económico, el bienestar social y la protección del medioambiente se equilibren. En este sentido, los poderes públicos y las empresas trabajan para fomentar la **eficiencia energética,** el uso de energías renovables y la reducción de emisiones contaminantes.

Adoptar buenas prácticas ambientales dentro de una empresa no solo cumple con la ley, sino que mejora la imagen corporativa, reduce costes y crea entornos de trabajo más responsables. Algunas **acciones sencillas** pueden marcar la diferencia:

Reducir el consumo energético

- Apagando luces y equipos cuando no se usan o aprovechando la luz natural.

Cuidar el uso del agua

- Reparando fugas, cerrando grifos y reutilizando el agua cuando sea posible.

Gestionar correctamente los residuos

- Separándolos, utilizando materiales reciclados y evitando los productos desechables.

Un concepto muy extendido es la técnica de las **3R,** que resume tres hábitos básicos para reducir el impacto ambiental:

Reducir	Reutilizar	Reciclar
Consumir solo lo necesario y evitar la generación de residuos innecesarios.	Alargar la vida útil de los productos, dándoles un nuevo uso.	Transformar los materiales usados en nuevos productos, evitando el despilfarro de recursos naturales.

Estas tres acciones pueden aplicarse tanto en casa como en el trabajo. En las empresas, por ejemplo, se puede imprimir por las dos caras, usar papel reciclado, compartir materiales entre departamentos o instalar sistemas de recogida selectiva. El departamento de recursos humanos suele tener un papel importante en la difusión de estas prácticas y en la formación del personal.

Además de la energía y el agua, la **gestión de residuos** es un punto clave. Las empresas deben apostar por productos con menos embalaje, usar envases reciclables y sustituir sustancias peligrosas por otras menos dañinas. También es recomendable revisar el mantenimiento de la maquinaria, ya que un equipo mal ajustado consume más energía y contamina más.

Cada vez más organizaciones incorporan **sistemas de gestión ambiental** como la **norma ISO 14001** o el reglamento **EMAS,** que ayudan a evaluar el impacto de sus actividades y a mejorar de forma continua. Contar con estas certificaciones no solo demuestra compromiso con el entorno, sino que también aporta transparencia y confianza a clientes, trabajadores y administraciones.

 TAREA 1

El equipo de una consultoría quiere reducir su huella ambiental y han decidido revisar la compra de material de oficina. Hasta ahora, compraban el papel y los bolígrafos más baratos, sin mirar nada más. Ahora quieren cambiar las cosas y aplicar los principios de la economía sostenible. ¿Qué acción, basada en el principio de economía sostenible y la jerarquía de residuos, propone un cambio de modelo a largo plazo en la consultoría, más allá del simple reciclaje?

4. Resumen

El respeto por el medioambiente es algo que tienen que tener presente todos los miembros de una sociedad, desde la población hasta las empresas, ya que es importante cuidar el entorno.

Para comprender lo que ocurre a nuestro alrededor es fundamental conocer un conjunto de términos básicos relacionados con el entorno medioambiental.

Medioambiente	Cambio climático	Desarrollo sostenible
- Es el conjunto de valores naturales, sociales y culturales que existen en un determinado lugar o en un determinado momento, que influyen en la vida material y psicológica de los seres humanos. Es decir, el medioambiente abarca el ser humano, animales, plantas, agua, suelo, aire, clima, paisaje, además de a elementos intangibles como la cultura.	- Es la alteración que se produce por cambios en los parámetros normales del clima, provocando efectos como el incremento de inundaciones, tormentas, huracanes, tiempos de sequías y olas de calor, incremento del nivel del mar debido a la descongelación de los polos...	- Es el modelo de desarrollo que busca satisfacer las necesidades del presente sin comprometer la satisfacción de las necesidades de generaciones futuras.

Usar racionalmente los recursos naturales es fundamental para proteger el medioambiente. Para ello, las empresas deben tomar conciencia de lo importante que es adquirir buenos hábitos y responsabilizarse con el medioambiente. Gracias a la Ley 26/2007, de 23 de octubre, de Responsabilidad Medioambiental, se incorporan al ordenamiento jurídico español dos tipos de medidas:

Medidas de prevención para evitar daños medioambientales.

Medidas de reparación de los daños medioambientales ocasionados.

Tanto las empresas como los trabajadores, en el desarrollo de sus tareas, deben implicarse en la protección del medioambiente mediante un consumo racional de la energía, así como la aplicación de la conocida técnica de las 3R, es decir:

Reducir

Reutilizar

Reciclar

Ejercicios de autoevaluación
Unidad de Aprendizaje 2

1. **Las personas en edad de trabajar, que desempeñan un trabajo remunerado o bien se encuentran buscando empleo forman parte de...**

   a. ... la población ocupada.
   b. ... la población activa.
   c. ... la población parada o desempleada.
   d. ... la población inactiva.

2. **La tasa de actividad se calcula aplicando la siguiente fórmula:**

   a. Es el producto entre el número de parados y el de activos.
   b. Es el producto entre el número de activos y la población total.
   c. Es el cociente entre el número de activos y el número de parados.
   d. Es el cociente entre el número de activos y la población total.

3. **Las autorizaciones que se conceden por el nacimiento de hijo o por el fallecimiento, accidente o enfermedad grave u hospitalización de parientes hasta el segundo grado de consanguinidad o afinidad, se denominan...**

   a. ... percepciones no salariales.
   b. ... excedencias por cuidado de familiares.
   c. ... permisos retribuidos.
   d. ... suspensión con reserva del puesto de trabajo.

4. **Según la estrategia de desarrollo sostenible planteada inicialmente por la Unión Internacional sobre la Organización Mundial de Conservación (UICN), el concepto contemplaba tres prioridades. ¿Cuál de las siguientes opciones NO formaba parte de dichas prioridades?**

   a. El mantenimiento de la diversidad genética.
   b. El uso sostenible de los recursos naturales.
   c. La implementación de tecnologías de la información y la comunicación (TIC).
   d. El mantenimiento de los procesos ecológicos.

5. **La técnica de las 3R es la base de las buenas prácticas ambientales que las empresas y el personal deben aplicar. Esta técnica hace referencia a las tres acciones que buscan reducir el impacto ambiental. ¿Cuáles son estas tres acciones?**

    a. Reducir, Reutilizar y Reciclar.
    b. Reciclar, Renovar y Reparar.
    c. Restablecer, Rediseñar y Reemplazar.
    d. Revisar, Reponer y Recuperar.

Sensibilización en igualdad de género

Contenido

Objetivos

El objetivo específico de este unidad de aprendizaje es:

→ Conocer la igualdad de oportunidades entre hombres y mujeres en el ámbito laboral.

1. Introducción

La igualdad de oportunidades entre mujeres y hombres es un **principio universal** reconocido sobre la base de los derechos humanos. Se busca garantizar que tanto las mujeres como los hombres tengan las mismas posibilidades en todos los ámbitos de la sociedad, de la economía y de la vida política. En definitiva, se persigue eliminar un trato desigual entre hombres y mujeres como consecuencia de las diferencias de sexo.

En la sociedad actual, el fenómeno conocido como igualdad de oportunidades está aceptado y reconocido a nivel jurídico y legal, es decir, las normativas de cada país, sientan las bases para establecer un **trato igualitario** entre hombres y mujeres.

En concreto, en el artículo 14 de la Constitución española, se reconoce que todos los españoles son iguales ante la ley, sin que pueda existir discriminación por razón de nacimiento, raza, sexo, religión, opinión o cualquier otra circunstancia personal o social. Aunque formalmente existe una igualdad legal entre hombres y mujeres, en la práctica no se suele ser una realidad.

Para alcanzar una igualdad real y efectiva es necesaria la implicación de toda la sociedad. Los poderes públicos deben promover políticas activas, planes de igualdad y medidas que garanticen la participación equilibrada de mujeres y hombres en todos los ámbitos.

2. Igualdad legal e igualdad efectiva

La **igualdad de género** es la capacidad legal, social y política de las mujeres y hombres para movilizar y gestionar todo tipo de recursos en las mismas condiciones.

También se le ha denominado "igualdad de derecho" e "igualdad de hecho" porque la sola promulgación de la igualdad legal no basta para cambiar las costumbres y estructuras de la desigualdad.

SABÍAS QUE...

Que exista igualdad legal no implica que haya igualdad real o efectiva.

La igualdad desde un punto de vista formal está recogida en los textos legales de cada país donde queda reflejado que los hombres y mujeres **tienen los mismos derechos.** Casi todos los países incluyen el principio de igualdad como un derecho fundamental de las personas, ya que estas no pueden ser discriminadas por razón de sexo, etnia, religión opinión o cualquier otra condición o circunstancia personal o social.

IMPORTANTE

La igualdad legal es el primer paso para materializar la igualdad de forma real en la sociedad, sin embargo muchos países ni siquiera han adaptado a sus normativas el principio de igualdad, provocando que sea difícil llegar a conseguir una igualdad de oportunidades real y de forma práctica.

Que exista un reconocimiento desde el punto de vista formal o legal no significa que en un país o sociedad exista una igualdad real. Para conseguir la igualdad real es necesario trabajar, en este sentido, cada persona, entidad y organización tiene la posibilidad de cambiar ideas y formas de actuar para conseguir una igualdad más justa.

En definitiva se alcanzará igualdad real cuando se hable de **igualdad de oportunidades** entre mujeres y hombres, garantizando a ambos colectivos el acceso a los bienes que se generan dentro de una sociedad (económicos, materiales y no materiales) en las mismas condiciones.

Por tanto, resulta imprescindible garantizar que mujeres y hombres puedan acceder y participar en las diferentes esferas (económica, política, participación social y de toma de decisiones) y actividades (educación, formación y empleo) sobre bases de igualdad.

A través de las políticas públicas, tanto a nivel nacional como europeo, se han definido una serie de estrategias para proporcionar el logro de una igualdad efectiva entre mujeres y hombres en el terreno laboral.

Estas políticas se han centrado en tres ejes fundamentales:

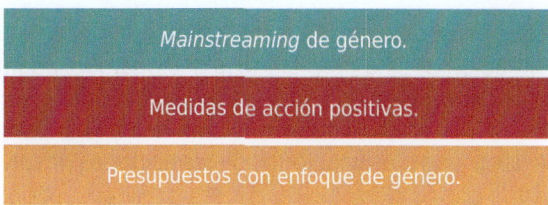

Mainstreaming de género.

Medidas de acción positivas.

Presupuestos con enfoque de género.

2.1. *Mainstreaming* de género

Cuando hablamos de transversalidad de género o *mainstreaming* de género nos referimos a la **implicación de todos los poderes públicos en el avance de la igualdad** entre mujeres y hombres.

Este concepto surgió a partir de 1995 con la IV Conferencia Mundial de Mujeres de Beijing y puede ser entendido desde dos perspectivas:

- ➲ Como una estrategia dirigida a involucrar a todos los actores sociales en la consecución de la igualdad de género.
- ➲ Como una herramienta que se utiliza para el análisis desde la perspectiva del género.

En definitiva, se podría decir que el *mainstreaming* de género supone la adopción de un enfoque transformador que actúe de forma transversal en los sistemas políticos con el objetivo de impregnar las políticas de las diversas dimensiones que generan desigualdad. Para su aplicación, el *mainstreaming* utiliza herramientas como los informes de impacto de género, las auditorías de igualdad y la elaboración de estadísticas desagregadas por sexo. Su desarrollo implica a las administraciones públicas, entidades sociales y empresas en todos los niveles de toma de decisiones.

2.2. Medidas de acción positivas

Las medidas de acción positiva son estrategias temporales que buscan corregir desigualdades derivadas de prácticas, normas o estructuras sociales que discriminan directa o indirectamente a un grupo, especialmente a las mujeres.

Las medidas de acción positiva son temporales y se aplicarán hasta que exista la situación que ha propiciado la desigualdad, además, deben ser **razonables y proporcionadas al objetivo que se persigue.**

Podemos hacer dos clasificaciones de las acciones positivas:

- Acciones positivas dirigidas a favorecer a las mujeres el acceso a los recursos en las mismas condiciones que los hombres. Por ejemplo: realizar un curso de formación específico dirigido únicamente a mujeres, que mejoren su incorporación en el mercado laboral. Este tipo de medidas son el punto de partida para reducir desigualdades, pero por sí solas no garantizan resultados.
- Acciones positivas que tienen una función correctora, las cuales tienen como objetivo igualar la situación y posición de las mujeres y los hombres. Un ejemplo de esta medida puede ser realizar procesos de selección en una empresa, en los que a igual mérito y capacidad, acceda una persona cuyo sexo esté subrepresentado.

2.3. Presupuestos con enfoque de género

Los **presupuestos con enfoque de género** son herramientas que permiten analizar cómo el gasto público y los impuestos afectan de forma diferente a mujeres y hombres. Su objetivo es integrar la perspectiva de género en las decisiones económicas del Estado y garantizar una distribución equitativa de los recursos.

Aunque las políticas públicas suelen presentarse como neutras, en la práctica tienen efectos distintos según el sexo, debido a las diferentes posiciones sociales y laborales de mujeres y hombres.

Para avanzar hacia la igualdad real, los poderes públicos deben aplicar este enfoque y promover leyes que impulsen la igualdad de oportunidades, como:

- **Ley Orgánica 1/2004,** contra la violencia de género.
- **Ley Orgánica 3/2007,** para la igualdad efectiva de mujeres y hombres.

- **Ley 39/1999,** sobre conciliación de la vida familiar y laboral.
- **Ley 15/2022,** de igualdad de trato y no discriminación.

La igualdad no depende solo de las administraciones, sino también del compromiso de las **empresas y la sociedad civil.** Por eso se impulsan medidas como los planes de igualdad, la paridad en los consejos de administración y la aplicación de criterios de igualdad en la contratación y las ayudas públicas.

 ## ACTIVIDAD COMPLEMENTARIA

3. El concepto de "suelo pegajoso" se refiere a las dificultades que impiden a muchas personas (generalmente mujeres) dejar los puestos de nivel inferior y las tareas de cuidado que no están reconocidas o valoradas, quedando "pegadas" a esa base de la pirámide.
   Analiza una situación real o imaginaria de tu entorno donde creas que está presente este concepto.
   Identifica y explica esa situación. Después, propón dos medidas de acción positiva concretas que la empresa o institución deberán implementar para ayudar a esas personas a despegarse y seguir avanzando en su carrera.

3. Igualdad en el ámbito laboral: sectores productivos, conciliación de la vida laboral y familiar

El entorno laboral sigue siendo uno de los espacios donde más se refleja la desigualdad entre mujeres y hombres, especialmente en el acceso a determinados puestos, las condiciones económicas y la distribución del tiempo.

Algunos conceptos básicos en este ámbito son:

- **Techo de cristal:** barrera invisible que impide a muchas mujeres acceder a cargos de dirección o de mayor responsabilidad, pese a tener la misma cualificación que sus compañeros.
- **Brecha salarial de género:** diferencia entre los ingresos medios de mujeres y hombres por hora trabajada. Según los últimos datos del INE, en España la brecha ronda el 18 %, aunque varía según el sector y la edad.

- ⤷ **Conciliación de la vida personal, familiar y laboral:** busca equilibrar el empleo con el cuidado del hogar y el tiempo personal. Las políticas actuales fomentan medidas como la flexibilidad horaria, el teletrabajo o los permisos igualitarios y transferibles para madres y padres.
- ⤷ **Corresponsabilidad:** implica que hombres y mujeres compartan de forma equilibrada las tareas domésticas y de cuidado, favoreciendo una distribución más justa del tiempo y las cargas familiares.

3.1. Sectores productivos

En el mercado laboral actual, todavía existen diferencias significativas entre hombres y mujeres en el acceso, promoción y condiciones de empleo. Aunque la participación femenina ha crecido en la mayoría de los sectores, la presencia de mujeres en puestos directivos o en áreas tecnológicas y científicas sigue siendo minoritaria.

La tradicional **división sexual del trabajo** ha situado históricamente a los hombres en el ámbito público —empleo formal, liderazgo y provisión económica— y a las mujeres en el ámbito privado —tareas domésticas, cuidados y crianza—. Aunque este modelo ha evolucionado, todavía persisten estereotipos que asocian determinadas profesiones o responsabilidades a un sexo determinado.

 IMPORTANTE

La división sexual del trabajo no solo asigna roles distintos a hombres y mujeres, sino que limita su desarrollo personal y profesional. Hoy en día, la igualdad real requiere romper con esas estructuras y promover la corresponsabilidad tanto en el hogar como en el ámbito laboral.

Durante las últimas décadas se han producido **cambios relevantes:**

- ⤷ Mayor incorporación de las mujeres al empleo formal.
- ⤷ Aumento de los hombres que asumen tareas domésticas y de cuidado.
- ⤷ Nuevos valores sociales que promueven la igualdad y la conciliación.

A pesar de estos avances, la igualdad plena en los sectores productivos sigue siendo un reto, especialmente en el acceso a puestos de decisión, en la valoración económica del trabajo femenino y en la eliminación de los estereotipos de género que aún condicionan la elección profesional.

En toda sociedad conviven dos ámbitos que interactúan constantemente: el **reproductivo o doméstico** y el **productivo o público.**

El **ámbito doméstico** incluye todas las tareas relacionadas con el cuidado del hogar y de la familia. Son actividades no remuneradas y, aunque esenciales para el funcionamiento de la sociedad, su valor social y económico suele pasar desapercibido. Por su parte, el **ámbito productivo** comprende las actividades económicas, políticas y sociales de carácter mercantil. Tradicionalmente, este espacio ha sido ocupado por hombres, asignándoles mayor reconocimiento, autonomía y poder social.

Aunque la participación femenina en el mercado laboral ha aumentado, la división entre ambos ámbitos persiste. Las mujeres continúan desempeñando un mayor número de tareas domésticas mientras trabajan en el ámbito productivo, lo que genera una **sobrecarga laboral** y dificulta su desarrollo profesional pleno. Esta situación también limita la igualdad en salarios y acceso a puestos de responsabilidad.

NOTA

La implicación de los hombres en las tareas domésticas ha crecido, pero aún no alcanza la participación de las mujeres, lo que mantiene una carga desigual sobre ellas.

A pesar de estos desafíos, la presencia de mujeres en el ámbito laboral tiene un impacto positivo. Su formación, talento y compromiso contribuyen al crecimiento de las empresas y al desarrollo de la sociedad en general. La integración efectiva de mujeres en puestos de responsabilidad y la promoción de la corresponsabilidad en el hogar son pasos fundamentales para alcanzar una igualdad real en los ámbitos productivo y doméstico.

3.2. Conciliación de la vida laboral y familiar

La **Ley 39/1999, de 5 de noviembre,** introdujo importantes cambios en el ámbito laboral con el objetivo de que hombres y mujeres pudieran acceder al empleo en igualdad de condiciones y compartir las responsabilidades del hogar. Esta normativa fue un paso decisivo hacia un modelo de convivencia más equilibrado, en el que ambos sexos pudieran participar tanto en el ámbito productivo como en el doméstico.

IMPORTANTE

Conciliar significa poder compaginar el trabajo con las responsabilidades familiares, las tareas del hogar y el tiempo personal.

La incorporación de la mujer al mercado laboral transformó las relaciones familiares, haciendo necesario replantear la distribución de las tareas y fomentar la cooperación dentro del hogar. La conciliación no se limita a disponer de permisos o reducciones de jornada; también implica una **actitud compartida** de corresponsabilidad y compromiso entre hombres y mujeres.

La ley estableció nuevos derechos que facilitaron este equilibrio. Entre ellos, los **permisos retribuidos** por nacimiento, fallecimiento o enfermedad de familiares, así como la posibilidad de **reducir la jornada laboral** para atender al cuidado de menores o personas dependientes. También se reguló la **excedencia** para el cuidado de hijos o familiares y la **suspensión del contrato con reserva de puesto** durante el permiso de maternidad o paternidad. Además, se determinó que el despido en estas circunstancias sería nulo, reforzando la protección de quienes ejercen sus derechos de conciliación.

Gracias a estas medidas, la ley no solo reconoció la necesidad de compaginar el empleo y la vida familiar, sino que impulsó una forma más equitativa de entender el trabajo y la responsabilidad dentro de la sociedad. Sin embargo, la conciliación real sigue siendo un reto, ya que todavía persisten desigualdades en la distribución del tiempo y las cargas familiares.

Conciliar, en definitiva, implica compartir las responsabilidades del hogar, los cuidados y el trabajo remunerado. Requiere reorganizar los tiempos personales y familiares, y también transformar la estructura laboral para permitir cierta flexibilidad. Cuando la conciliación se logra, las empresas y las personas se benefic…an por igual: aumenta la motivación, mejora el compromiso con el trabajo y se retiene el talento que contribuye al desarrollo colectivo.

 **APLICACIÓN PRÁCTICA**

Marta y Carlos son pareja y acaban de tener a su segundo bebé. Ambos trabajan a jornada completa. Marta está pidiendo una reducción de jornada porque siente que es la única opción para poder ocuparse de las citas médicas y las tareas escolares. Carlos quiere ayudar y sabe que, para que Marta no vea frenada su carrera profesional, las responsabilidades de la casa y el cuidado deben ser un tema de dos. ¿Cómo se llama el principio que promueve que las tareas domésticas, de cuidado familiar y el uso del tiempo libre se repartan de manera equilibrada y justa entre mujeres y hombres?

Solución

El principio es de corresponsabilidad. Este principio busca que tanto hombres como mujeres se hagan cargo de las responsabilidades familiares y domésticas. Si Marta es la única que pide la reducción de jornada, es muy probable que tenga más difícil ascender o promocionar en el trabajo. La corresponsabilidad no solo es justa, sino que también es una palanca para la igualdad real en el mundo laboral, liberando a las personas (generalmente mujeres) de una carga que les pone límites en su desarrollo profesional.

4. Resumen

La igualdad entre mujeres y hombres debe entenderse como una equivalencia entre personas, puesto que todos los seres humanos tienen el mismo valor, independientemente de su sexo, y por ello deben tener las mismas posibilidades.

Aunque cada vez son más las herramientas de las que dispone la sociedad para reivindicar los derechos de la mujer y la igualdad de oportunidades, todavía existen prácticas bastante arraigadas, incluso en sociedades desarrolladas, como son el machismo y la visión tradicional que proporciona un sistema patriarcal, las cuales dificultan un desarrollo pleno de la mujer.

Para conseguir que exista una igualdad real, los poderes públicos deben participar de forma activa y deben establecer planes o políticas de actuación para conseguir un reparto equitativo de tareas y tiempos entre mujeres y hombres, llegando de esa forma a una igualdad real y efectiva.

En este sentido, las políticas públicas se han centrado en tres ejes fundamentales:

Medidas de acción positiva	Presupuestos con enfoque de género	*Mainstreaming* de género

Son varias las leyes que se han aprobado en España para fomentar la igualdad efectiva entre hombres y mujeres como son:

Ley Orgánica 1/2004, de 28 de diciembre, de medidas de protección integral contra violencia de género

Ley Orgánica 3/2007, de 22 de marzo, para la igualdad efectiva de mujeres y hombres

Ley 39/1999, de 5 de noviembre, para promover la conciliación de la vida familiar y laboral de las personas trabajadoras

Ley 15/2022, de 12 de julio, integral para la igualdad de trato y la no discriminación

Es con la Ley 39/1999, de 5 de noviembre, donde se comienza a buscar la igualdad efectiva, fomentando la conciliación de la vida laboral y familiar tanto para hombres como para mujeres.

Ejercicios de autoevaluación
Unidad de Aprendizaje 3

1. Identifica si las siguientes afirmaciones son verdaderas o falsas.

    a. En España, el principio de igualdad es un derecho fundamental que impide la discriminación por razón de sexo, etnia, religión, opinión o cualquier otra condición personal o social.

- Verdadero
- Falso

    b. Se alcanzará igualdad real cuando se hable de igualdad de oportunidades entre mujeres y hombres, garantizando a ambos colectivos el acceso a los bienes que se generan dentro de una sociedad (económicos, materiales y no materiales) en las mismas condiciones.

- Verdadero
- Falso

2. A la implicación de todos los poderes públicos en el avance de la igualdad entre mujeres y hombres se la denomina...

    a. ... medidas de acción positivas.
    b. ... medidas de acción para la igualdad de género.
    c. ... *mainstreaming* de género.
    d. ... presupuestos con enfoque de género.

3. El término que hace referencia al obstáculo que tienen las mujeres cuando quieren ascender laboralmente es...

    a. ... techo de cristal.
    b. ... techo cognitivo.
    c. ... corresponsabilidad.
    d. ... brecha de género.

4. **Carla acaba de dar a luz a su primer hijo y ha reclamado a la empresa una excedencia de tres años para su cuidado, ¿a qué tipo de excedencia tiene derecho?**

    a. Permiso retribuido.
    b. Reducción de la jornada laboral por motivos personales.
    c. Excedencia por cuidado de familiares.
    d. Suspensión con reserva del puesto de trabajo.

5. **Para alcanzar la igualdad real en la sociedad, los poderes públicos orientan sus planes y políticas de actuación en tres ejes. ¿Cuál de los siguientes aspectos se incluye de forma prioritaria dentro de estos ejes de actuación?**

    a. La gestión de los presupuestos con un enfoque exclusivo en la prevención de riesgos laborales.
    b. La creación de programas de liderazgo centrados únicamente en el sector tecnológico.
    c. La promoción de la presencia equilibrada de mujeres y hombres en los órganos de toma de decisiones.
    d. La obligatoriedad de que todas las empresas dispongan de un *lobby* de género.

Glosario

Acciones positivas
Medidas temporales destinadas a corregir desigualdades y promover la participación equilibrada de mujeres y hombres en distintos ámbitos sociales, económicos o laborales.

Agenda de búsqueda de trabajo
Es una herramienta que permite organizar todas las actividades a realizar durante la búsqueda de un trabajo.

Brecha salarial de género
Diferencia media en los ingresos brutos por hora entre mujeres y hombres en todos los sectores de la economía.

Carta de presentación
Documento que se utiliza para describirse a uno mismo, destacando los aspectos más apropiados en función al puesto de trabajo ofertado, explicando por qué eres la persona idónea para cubrir dicho puesto.

Calentamiento global
Es un aumento de la temperatura que sufre la atmósfera y los océanos de forma continuada en el tiempo.

Clima
Hace referencia al conjunto de condiciones de la atmósfera en un determinado lugar o zona geográfica. El clima se vincula a parámetros como la temperatura, humedad, lluvia, viento, nieve...

Competencias profesionales
Conjunto de conocimientos, habilidades, aptitudes, actitudes y motivaciones requeridos para desempeñar una actividad profesional.

Conciliación de la vida personal, familiar y laboral
Capacidad de compatibilizar el trabajo remunerado con el trabajo doméstico y/o responsabilidades familiares, y con el tiempo libre que permita el desarrollo personal de cada persona.

Corresponsabilidad
Reparto de las responsabilidades domésticas entre hombres y mujeres de forma que se consiga una distribución equilibrada de los espacios públicos, domésticos y privados.

Currículum
Documento donde una persona resume sus habilidades, conocimientos y experiencias profesionales.

Desarrollo sostenible
Es el desarrollo que satisface las necesidades del presente, sin comprometer la capacidad para que las futuras generaciones puedan satisfacer sus propias necesidades.

Economía sostenible
Es un patrón de crecimiento que concilia el desarrollo económico, social y ambiental en una economía productiva y competitiva, que favorece el empleo de calidad, la igualdad de oportunidades y la cohesión social, y que garantiza el respeto ambiental y el uso racional de los recursos naturales, de forma que permite satisfacer las necesidades de las generaciones presentes sin comprometer las posibilidades de las generaciones futuras para atender sus propias necesidades.

Efecto invernadero
Proceso mediante el cual sube la temperatura de la atmósfera como consecuencia de la concentración de determinados gases, principalmente dióxido de carbono.

Emprendedor
Persona que detecta una oportunidad y organiza los recursos necesarios para ponerla en marcha en forma de un negocio o actividad económica. Se caracteriza por ser una persona innovadora, capaz de generar bienes y servicios de una forma creativa.

Entrevista de trabajo
Comunicación de carácter verbal entre dos o más personas con el propósito de intercambiar información, ideas u opiniones y con un carácter estrictamente profesional.

Mainstreaming de género
Integración de la perspectiva de género en todas las políticas, programas y decisiones públicas, de forma que se tenga en cuenta el impacto en mujeres y hombres en cada fase del proceso.

Medioambiente
El entorno en el cual una organización opera, incluyendo el aire, el agua, la tierra, los recursos naturales, la flora, la fauna, los seres humanos y sus interrelaciones.

Perfil profesional
Conjunto de competencias y capacidades que tiene una persona para poder desempeñar las funciones y tareas de un puesto de trabajo.

Plan de negocio
Documento en el que se recoge la idea de negocio de una persona. En él se pretende justificar la creación de una empresa y se analiza la viabilidad de la operación.

Potencial emprendedor
Conjunto de conocimientos, habilidades, actitudes, intereses y motivaciones que posee una persona acordes para iniciar un determinado negocio.

Sociedad limitada (S. L.)
Sociedad de carácter mercantil en la que el capital social, que estará dividido en participaciones sociales, indivisibles y acumulables, se integrará por las aportaciones de todos los socios, quienes no responderán personalmente de las deudas sociales.

Techo de cristal
Barrera invisible que limita el desarrollo profesional de las mujeres y les impide seguir avanzando y optar a puestos de mayor responsabilidad.

Yacimientos de empleo
Es el término que se utilizó en el documento de la Comisión Europea denominado "Crecimiento, competitividad y empleo. Retos y pistas para entrar en el siglo XXI", conocido como el Libro Blanco de Delors, para identificar las nuevas actividades laborales que surgen para satisfacer las necesidades de la sociedad y de los cambios tecnológicos.

Bibliografía

Monografías

→ CALVO, M.: *Empleo, orientación laboral y prevención de riesgos laborales.* Sevilla: MAD, 2010.

→ CARMONA Ruiz, A.: *Puesta en marcha y financiación de pequeños negocios o microempresas.* Antequera: IC Editorial, 2023.

→ GONZÁLEZ Calderón, T.: *Orientación laboral y promoción de la calidad en la Formación Profesional para el Empleo.* Antequera: IC Editorial, 2024.

→ IZQUIERDO Carrasco, F. A.: *Generación de modelos de negocio.* Antequera: IC Editorial, 2023.

→ JIMÉNEZ Sánchez, G. J.: *Lecciones de derecho mercantil.* Madrid: Tecnos (grupo Anaya), 2025.

→ MÁRQUEZ Pérez, I. M.: *Análisis del entorno laboral y gestión de relaciones laborales desde la perspectiva de género.* Antequera: IC Editorial, 2024.

→ Innovación y Cualificación, S. L.: *Experto en gestión medioambiental.* Antequera: IC Editorial, 2023.

→ Target Asesores, S. L.: *Gestión Ambiental y Desarrollo Sostenible.* Antequera: IC Editorial, 2019.

→ TODOLÍ Cervera, F.: *Creación de empresas paso a paso 2012.* Madrid: CISS, 2012.

Textos electrónicos, bases de datos y programas informáticos

→ Crea tu empresa, de:
<http://www.creatuempresa.org/es-ES/Paginas/CEHome.aspx>.

→ Emprendedores y PYME, de: <http://www.ipyme.org>.

→ Instituto de las mujeres, de: <https://www.inmujeres.gob.es/>.

→ Ministerio de Trabajo y Economía Social, de: <https://www.mites.gob.es/>.

→ Observatorio de la Imagen de las Mujeres, de:
<https://www.inmujeres.gob.es/observatorios/observImg/home.htm>.

→ Servicio Público de Empleo Estatal, de: <www.sepe.es>.

→ Seguridad social, de: <http://www.seg-social.es>.

Legislación y normativa

→ Constitución Española de 1978.

→ Ley 2/2024, de Igualdad de Representación de Mujeres y Hombres en Órganos de Dirección u otra magna ley de igualdad, que regula la presencia equilibrada de género en órganos de decisión.

→ Ley 15/2022, de 12 de julio, para la igualdad de trato y no discriminación.

→ Ley 14/2013, de 27 de septiembre, de apoyo a los emprendedores y su internacionalización.

→ Ley 2/2011, de 4 de marzo, de Economía Sostenible.

→ Ley 20/2007, de 11 de julio, del Estatuto del trabajo autónomo.

→ Ley 26/2007 de 23 de octubre, de Responsabilidad Medioambiental.

→ Ley 39/1999, de 5 de noviembre, para promover la conciliación de la vida familiar y laboral de las personas trabajadoras.

→ Ley Orgánica 3/2007, de 22 de marzo, para la igualdad efectiva de mujeres y hombres.

→ Ley Orgánica 1/2004, de 28 de diciembre de medidas de protección integral contra la violencia de género.